Sepp Maier/Jean-Marie Pfaff

W0247789

Das Torwartbuch

Hoffmann und Campe

Redaktion: Gerd Münster

CIP-Kurztitelaufnahme der Deutschen Bibliothek

Maier, Sepp:
Das Torwartbuch / Sepp Maier ; Jean-Marie Pfaff. –
1. Aufl. – Hamburg : Hoffmann und Campe, 1984.
ISBN 3-455-08234-3
NE: Pfaff, Jean-Marie:

Copyright © 1984 by Hoffmann und Campe Verlag, Hamburg,
und Offizin Hopf & Partner
Schutzumschlaggestaltung: Jens Schlockermann unter Verwendung eines Fotos
von Wulf Harder
Satz: Fotosatz Otto Gutfreund, Darmstadt
Druck und Bindung: May + Co, Darmstadt
Printed in Germany

Inhalt

Vorwort

Schon wieder ein Torwartbuch. Muß das sein? Das werden viele sagen. Daß es schon genug Bücher über Torhüter gibt, braucht man uns nicht unter die Nase zu reiben. Wir haben sie alle gelesen.

Was wir geschrieben haben, ist nicht *ein* Torwartbuch. Es ist *das* Torwartbuch. Lesestoff für jeden Fußballfan.

Das Torwartbuch für den 13jährigen Jungen und den rüstigen »Südkurvenopa«. Das Torwartbuch für den Fußballglotzer. Und das Torwartbuch für den Fachmann – vom Meistertrainer bis zum Betreuer im kleinsten Dorf-Verein.

In letzter Zeit haben wir immer häufiger Zuschriften bekommen, die das bisherige Angebot zu dürftig finden. Die einen bemängeln, daß die Bücher zu fachlich und theoretisch sind. Die anderen wollen nicht bloß eine Aufzählung von Torhütern, die in die Fußballgeschichte eingingen.

Die Wünsche unserer Anhänger und unser gemeinsames Training beim FC Bayern München brachten uns auf die Idee: Wir schreiben ein Buch, das möglichst allen Wünschen gerecht werden soll.

Ein Buch, das endlich einmal die Vorurteile gegenüber uns Tormännern aus dem Weg räumt.

Wir sind nicht die verrückten Fußballer, deren einzige Aufgabe es ist, einen Ball zu halten. Der Torwart ist der wichtigste Mann in einer Mannschaft. Nicht umsonst fängt eine Fußballelf mit der Nummer eins an.

Von der Leistung des Torwarts hängt ein Großteil des Erfolgs einer Mannschaft ab. Als einziger Spieler ist der Torwart in der Lage, der Mannschaft einen Punkt zu gewinnen. Wir wünschen uns mehr Respekt vor einem Torwart. Auch

deshalb haben wir das Torwartbuch geschrieben.
In vielen Vereinen ist der Torwart nur das fünfte Rad am Wagen. Selbst manch großer Klub hat keinen eigenen Torwarttrainer. Aber der Torwart braucht ein spezielles Training und eine spezielle Vorbereitung.
Das Torwartbuch ist kein Wundermittel. Es will in einem wichtigen Teil ein Leitfaden für gezieltes Training sein. Es gibt Anhaltspunkte für ein abwechslungsreiches Training, ein Training, das locker ist. Das Spaß macht.
Das Torwartbuch ist eine Hilfe für den Trainer. Aber genauso eine Hilfe für jeden, der für sich alleine trainieren will und muß, will er einmal ein guter Torwart werden. Bis man einmal ganz oben ist, liegt ein langer und entbehrungsreicher Weg vor einem. Wir haben das am eigenen Leib erfahren.
Wer ganz nach oben will, der muß spätestens mit acht Jahren mit dem Fußballspielen beginnen. Und mit 15 sollte er sich dann entscheiden. Will ich Torwart werden oder nicht? Wenn ja, sollte er sich möglichst schnell einem großen Verein anschließen. Dort sind die Möglichkeiten zum Trainieren vorhanden, die man auf dem Weg zum Erfolg braucht.
Das Torwartbuch beschreibt auch, wie sich der Torwartstil im Laufe der Zeit gewandelt hat. Es erzählt Geschichten über Torhüter von damals und heute. Über Schicksale und Triumphe. Über Ruhm und Leid.
Das Torwartbuch soll unterhalten und lehren. Es soll insbesondere in all jenen begabten Jungen das Feuer entfachen, das wir damals, am Anfang unserer Karriere, in uns verspürten. Und es soll die Eltern verstehen lehren, was ihre Fußballsprößlinge bewegt.
Erreichen wir dieses Ziel, dann hat das Torwartbuch seinen Sinn erfüllt.
Unser Torwartbuch.

Sepp Maier
Jean-Marie Pfaff

Torhüter, die Fußballgeschichte schrieben

Tormänner mit Pfiff

Ich bin kein Clown, sondern ein ernsthafter Mensch. Wenn ich will, kann ich auch lustig sein.
Ich wollte oft lustig sein und war es auch. Denn mit Humor geht alles besser. Auch in unserem Job. Oder gerade in unserem Job.
Mehr als jeder Feldspieler hat man als Torwart oft genug Gelegenheit, aus der Reihe zu tanzen. Was nicht bedeuten soll, daß man auch gleich aus der Rolle fallen sollte.
Aber ein gewisser Pfiff gehört zum Torwartspiel schon dazu.
Voraussetzung ist natürlich eine gute Leistung. Wenn man die bringt und sie mit ein wenig Show, Jux und Gaudi würzt, dann ist der perfekte Torwart geboren.
Uns Torleuten wird oft nachgesagt, wir seien Idioten. Wir stünden in unserem Kasten und hätten nur die eine Aufgabe, einen runden Lederball zu fangen.
Vielleicht stimmt's. Aber dann sind auch die Millionen Menschen allesamt Idioten, die diesen Ballfängern Woche für Woche begeistert applaudieren.
Aber was soll's. Verrückte – im guten Sinne – muß es in unserem Beruf geben. Und sie hat es schon vor meiner Zeit gegeben. Tormänner mit gewissen Eigenarten. Mit einem gewissen Pfiff.
Leider gibt es nur noch wenige, die in dem brutalen Geschäft von heute Spaß machen und verstehen. Der ganze Fußball wird doch viel zu ernst genommen.
Ich erinnere mich gerne an so manchen Spaß, den ich auf dem Spielfeld getrieben habe. Mir hat's Freude gemacht und den Zuschauern auch.

Gerne denke ich in diesem Zusammenhang an ein Freundschaftsspiel mit meinen Münchner Bayern im Juli 1979 in Ulm zurück. Es war ein Vorbereitungsspiel auf die neue Bundesligasaison. Naturgemäß tut sich da recht wenig. Da wird mit ein paar Mark die Vereinskasse aufgebessert, ansonsten reißen die Herren Stars keine Bäume aus. So auch in Ulm. Vor meinem Tor herrschte meistens Flaute. Irgendwann zischte mal ein verunglückter Schuß des Gegners ein paar Meter neben meinem Kasten vorbei. ›Jetzt bringst du mal etwas Schwung in die müde Angelegenheit‹, dachte ich mir und zelebrierte meine Pantomimennummer. Noch bevor mir jemand den Ball nach einem Fehlschuß zum Abschlag zugeworfen hatte, nahm ich mit beiden Händen die Torlinie auf und balancierte sie ganz behutsam genau dorthin neben das Tor, wo gerade der Ball vorbeigesaust war. Schließlich streichelte ich die Linie gerade, peilte mit dem Daumen ihre Exaktheit – und spielte weiter.
Die Zuschauer lachten, und nach dem Spiel kam einer zu mir und sagte: »Herr Maier, Ihre Einlage war die beste Leistung im ganzen Spiel.« Ich war zufrieden.
Von einem einmaligen Streich möchte ich noch erzählen, bevor ich zu berühmten »verrückten« Kollegen komme. Willi Lippens aus Essen, den sie wegen seines watschelnden Gangs nur »Ente« nannten, wollte sich gemeinsam mit mir mal einen Spaß machen, über den sich ganz Fußball-Deutschland bestimmt königlich amüsiert hätte – wenn er Wirklichkeit geworden wäre! Der Willi wollte sich, als ob er Verteidiger in meiner Mannschaft spielte, an der Strafraumgrenze freilaufen. Ich sollte ihm den Ball zuspielen, er hätte dann zu mir zurückgepaßt und wäre wie ein Mannschaftskamerad in Stellung gelaufen, hätte dann von mir den Ball nochmals bekommen und dann zu einem Bayern-Spieler gepaßt. Zuschauer und Spieler hätten nicht mehr gewußt, ob sie träumten oder ob das real war, was dort geschah. Die Verwirrung wäre komplett gewesen.

Wäre – denn ich habe mich auf Willis Vorhaben nicht eingelassen. Zu gut kannte ich »Ente Lippens« und wußte nur zu genau, was für ein Schlitzohr er war. Ich habe ihm jedenfalls nicht getraut und war mir sicher, daß er mir das »linkeste Ding« aller Zeiten ins Netz legen wollte. Solche Typen wie den Willi Lippens, der immer zu einer Gaudi aufgelegt war, sind heute ausgestorben. Leider.

Der »Frosch« aus dem Kloster – Sergio Livingstone Pohlhammer

Tormänner mit »Pfiff«, Männer, die trotz aller Ernsthaftigkeit nie den Spaß am Spiel verloren, die den grünen Rasen ab und zu in eine Komödienbühne oder Zirkusarena verwandelten, hat es schon früher gegeben. In Chile wurde ein Mann zum Volkshelden, den sie »el sapo«, den Frosch, nannten. Durch intensives, gezieltes Training hatte Sergio Livingstone-Pohlhammer eine sagenhafte Sprungkraft entwickelt, die die Massen in den Stadien von ganz Südamerika begeisterte. Der Chilene mit dem ausgefallenen Namen – sein Vater war englischer Herkunft, seine Mutter stammte aus einer deutsch-chilenischen Kolonie – hatte die Eigenart, sich – wie ein Frosch – mit angegrätschten Beinen in die Luft zu schrauben. Noch heute schwärmen die chilenischen Fußballfans von den Flugkünsten von »el sapo«.
75mal stand Sergio Livingstone-Pohlhammer im Tor der chilenischen Nationalmannschaft. 1950 in Brasilien und 1954 in der Schweiz, wo Deutschland den Titel gewann, nahm er an Weltmeisterschaften teil. Er hat viel erreicht in seiner Karriere – dreimal wurde er Landesmeister mit Universidad Catolica, er gewann sechsmal die südamerikanische Meisterschaft mit seiner Mannschaft.
Der Chilene mit dem dünnen Schnauzbart dachte schon an seinen Rückzug ins Privatleben, als seine größte Stunde

schlug. Es war der 16. November 1959. Sergio gab seine letzte Vorstellung im Trikot der chilenischen Auswahl. Bevor das Spiel angepfiffen wurde – Argentinien war der Gegner –, wurde der Rekordtorhüter geehrt. Blumen, Gratulationen, der Verbandspräsident hielt eine Ansprache, die Zuschauer im überfüllten Estadio Nacional in Santiago klatschten begeistert Beifall.

Das schönste Abschiedsgeschenk aber machten seine Mannschaft und er sich selbst. Chile besiegte Argentinien mit 4:2. Was für ein Triumph. Das Stadion glich einem Hexenkessel. In dem halben Jahrhundert, das diesem denkwürdigen Ereignis vorausging, war es den Chilenen nie gelungen, die Argentinier zu besiegen. Wochenlang befand sich das Land in einem Freudentaumel, und »el sapo«, der Frosch, wurde überschwenglich gefeiert. »Gott selbst stand im Tor«, jubelte eine Sportzeitung nach dem 4:2-Erfolg. Kein Wunder, denn Sergio Livingstone-Pohlhammer, der mit 38 Jahren von der Fußballbühne abtrat, begann seine Laufbahn in einem katholischen Internat. Mönche waren seine Entdekker. Wenn es im Himmel eine Fußballmannschaft gibt, würde ich »el sapo« das Trikot mit der Nummer eins geben…

Zum Thema »Tiere auf dem Spielfeld« – es war ja gerade von Ente und Frosch die Rede – fällt mir ein eigenes Erlebnis ein. Wir spielten mit den Bayern im Olympiastadion gegen den Vfl Bochum. Das ganze Spiel war ziemlich trostlos. Wir erhielten dann einen Elfmeter zugesprochen – es stand schon 2:0 für uns. Plötzlich sah ich rechts neben meinem Tor eine Ente niedergehen. ›Der Elfmeter ist sowieso nicht so interessant‹, dachte ich mir, ›machst halt einen Spaß.‹

Ich riß ein Büschel Gras aus dem Rasen und lockte die Ente an. Der Vogel zeigte sich unbeeindruckt, also schlich ich mich heran. Ich wollte die Ente natürlich nicht wirklich fangen, sondern nur ein bißchen Gaudi machen.

Als ich nur noch drei Meter von ihr entfernt und sie immer noch nicht weggeflogen war, kam mir die Idee: ›Jetzt machst du einen Hechtsprung, und wenn du sie erwischst, hebst du sie auf, streichelst sie ein bißchen und läßt sie wieder los.‹ Aber ich erwischte sie nicht! Ich bin ganz knapp vorbeigesprungen. Und die Ente, die war weg.
Der Jubel bei den Zuschauern war natürlich groß. Von den rund 20000, die im Stadion waren, haben 15000 den Elfmeter gar nicht beachtet. Sie haben sich alle nur gefragt: ›Fängt er die Ente, oder fängt er sie nicht?‹
Das ist nun schon sieben Jahre her, aber noch heute werde ich auf meine Entenjagd angesprochen. Da bei dem Spiel das Fernsehen dabei war und ein flinker Kameramann das Ganze aufgenommen hatte, tauchte meine Entenjagd dann auch noch auf Millionen deutschen Bildschirmen auf.

Der sanfte Rebell – José Angel Iribar

Ein Mann mit einem ganz besonderen Tick – das ist beileibe nicht boshaft gemeint – war José Angel Iribar. Der hatte sich schon als kleiner Bub in den Kopf gesetzt, in die große Politik zu gehen. Von Jugend an gehörte der Spanier aus dem Baskenland der separatistischen ETA an. Daß er später ein berühmter Torwart wurde, hinderte den baskischen Rebellen nicht daran, sich konsequent für die Belange seiner Landsleute einzusetzen. Durch das Ansehen, das er genoß, und großen persönlichen Einsatz ist es Iribar des öfteren gelungen, die Entlassung gleichgesinnter Basken aus den Gefängnissen zu erreichen.
In den drei Provinzen des Baskenlandes wurde Don José wegen seiner politischen Einstellung zum Volkshelden. Aufgrund seiner Künste im Tor verehrte ihn aber das ganze spanische Fußballvolk. Von außergewöhnlicher Bedeutung, nicht nur für Fußball-Spanien, sondern vor allem für das

Baskenland, war der 5. Februar 1975. »El chopo«, die Pappel, wie der 1,85 Meter lange Iribar wegen seiner Größe und Gelenkigkeit genannt wurde, stellte im Länderspiel gegen Schottland in Valencia einen neuen Rekord auf. Mit 47 Berufungen in die spanische Nationalmannschaft überflügelte Iribar das spanische Fußballdenkmal Ricardo Zamora, der fast ein halbes Jahrhundert lang die Rangliste der internationalen Einsätze mit 46 Spielen angeführt hatte.

Als ich mein 47. Länderspiel für den Deutschen Fußball-Bund bestritt, trat José Angel Iribar mit 49 Einsätzen für sein Land von der internationalen Bühne ab. Zum letztenmal stand Iribar im Tor der Spanier, als sie am 24. April 1976 im Madrider Bernabeustadion gegen Deutschland spielten. Wir waren in der Schlußphase nach dem 1:1-Ausgleich durch den Berliner Erich Beer die klar bessere Mannschaft, aber Iribar rettete den Spaniern mit wahren Glanztaten das Unentschieden.

Zufrieden war Iribar bei seinem Abschied trotz der tollen Leistung aber nicht. Der Ausgleichstreffer von Erich Beer wurmte ihn ganz gewaltig. »Den Schuß hätte ich doch halten müssen«, machte er sich nach dem Spiel Vorwürfe. »Wenn du nicht so großartig gehalten hättest, wären die Spanier als Verlierer vom Platz gegangen«, sagte ich zu ihm, als wir auf dem Weg in die Kabinen zusammentrafen. Ein Trost waren meine Worte nicht, das habe ich dem schweigsamen Basken deutlich angemerkt.

Iribar war ein Fußballer, der alles perfekt machen, jeden Fehler vermeiden wollte. Wer will das gerade als Torwart nicht? Wie heißt es so schön? Den letzten beißen die Hunde.

Iribar stammte aus sehr armen Verhältnissen. Das hatte bei ihm einen extremen Ehrgeiz zur Folge. In Zarauz, einem winzigen Fischernest im spanischen Norden, am Golf von Biscaya, wuchs Iribar auf. Sein Vater besaß eine kleine Schusterwerkstatt. Er verdiente zu wenig, um die sechsköpfige Familie ernähren zu können. So mußten sich die drei Iribar-Buben um das Vieh kümmern, das den kleinen Besitz der Familie bildete. Neben der Schule blieb den Jungs somit wenig Zeit, um sich ihrer Lieblingsbeschäftigung, dem Fußballspielen, zu widmen. Hin und wieder aber hatte José Gelegenheit, an den Strand zu gehen und mit Freunden aus der Nachbarschaft dem runden Leder nachzujagen. Dies tat er allerdings nicht sehr lange. Weil es ihm auf dem weichen Boden an technischen Fertigkeiten mangelte, stellte man ihn ins Tor. Und dabei blieb es.

Als er 16 Jahre alt war, meldete sich Iribar bei dem drittklassigen Verein Basconia an. Dort kam er sportlich nicht recht voran, und so dachte er schon ans Aufhören bzw. daran, es als Basketballer in San Sebastian zu versuchen. Doch ein Zufall half José, seine Karriere als Torwart fortzusetzen. Sein Klub wurde im spanischen Pokalwettbewerb gegen den Erstligisten Real Sociedad ausgelost. Basconia schaffte die Sensation und gewann mit 3:2. Mit einem Schlag landete der bis dahin völlig unbekannte Iribar in den Schlagzeilen der Zeitungen. Namhafte Vereine interessierten sich plötzlich für den Basken. José blieb aber seiner Heimat treu. Atletico Bilbao machte das Rennen bei seiner Verpflichtung.

In seinem ersten Jahr als Berufsfußballer, 1961, kassierte Iribar ein Monatsgehalt von 3000 Mark. Dank seiner Bescheidenheit war er am Ende seiner Laufbahn zum Peseta-Millionär geworden. Das Geld hat er in Eigentumswohnungen und in einem Obst- und Gemüseladen in Zarauz, seinem Geburtsort, angelegt. Der Reichtum hat Iribars politische Meinung allerdings nicht verändert. Auch heute noch unterstützt er den Kampf der baskischen Separatisten.

Im Prater blühen die Träume – Rudi Hiden

Weniger Geschick im Umgang mit Geld als Iribar bewies ein anderer Großer aus der Torwartszene: Rudi Hiden, der legendäre Schlußmann des österreichischen »Wunderteams« aus den dreißiger Jahren. Einsam und arm wie eine Kirchenmaus starb Hiden am 11. September 1973.

Eine schlimme Krankheit machte dem Leben des 1909 in Graz geborenen Hiden ein Ende. Es war im Jahre 1963. Rudi verdiente sich in Neapel ein paar Mark als Hilfstrainer, als er Schmerzen im rechten Bein zu verspüren begann. Aber Hiden, der seine große Zeit schon hinter sich hatte, maß dem nicht allzuviel Bedeutung bei. Erst einige Jahre später, als die Schmerzen immer schlimmer wurden, ging er zum Arzt. Die Diagnose war niederschmetternd: Knochenmarkserweichung. Die Folge einer nicht richtig auskurierten Verletzung aus der Vergangenheit, bei der ein Stück vom Oberschenkelknochen abgesplittert war.

Rudi Hidens Schicksal besaß tragische Züge. Ein Erdbeben auf Sizilien hatte sein Haus dem Erdboden gleichgemacht, seine letzten Ersparnisse waren so gut wie aufgebracht. Hiden kratzte die letzten Groschen zusammen und ließ sich in Neapel am Bein operieren. Ohne Erfolg.

Hiden, der gefeierte »Praterlöwe«, ließ sich vom FC Neapel beurlauben und fuhr nach Wien. »In drei Wochen bin ich wieder zurück«, hatte er seinem italienischen Brötchengeber beim Abschied versprochen. Doch aus den drei Wochen wurden Monate. Neapel schickte die Kündigung. Die Krankheit verschlimmerte sich trotz intensiver Behandlung in diversen Wiener Kliniken zusehends. Da Hiden keine Versicherung abgeschlossen hatte, mußte er die Ärzte aus eigener Tasche bezahlen. Dazu war er dann bald nicht mehr in der Lage.

Anfang 1969 verschaffte dann ein Wiener Arzt dem Dauerpatienten die traurige Gewißheit: Das rechte Bein mußte amputiert werden. Rudi Hiden, der mehr als ein Jahrzehnt mit seiner Torwartkunst und seinen Dandy-Allüren die Massen begeistert hatte, schleppte sich bis zu seinem Tode auf Krücken herum, zur Untätigkeit verdammt. Zu Hidens Begräbnis in Wien hatte die Polizei mehrere Beamte zum Friedhof beordert, um mit dem zu erwartenden Massenansturm fertig zu werden. Doch die Polizisten blieben arbeitslos. Kaum 200 Menschen waren zur Beerdigung erschienen.

Rudi Hiden hatte sein Leben in vollen Zügen genossen. Geld, Ruhm, Erfolg, Luxus, Frauen – Rudi nahm alles mit. Er war in ganz Europa bekannt wie ein bunter Hund. Frankreich, England, Deutschland, Italien waren Hidens Stationen. Sogar in der Türkei trieb er sich eine Zeitlang herum. Doch der Reihe nach.

Rudi Hiden wurde in Graz geboren. Lange hielt er es dort nicht aus. Der Bäckerlehrling hatte mehr vor, als ein Leben lang nur kleine Brötchen zu backen. Beim Grazer Athletik-Klub hatte Rudi als Jugendlicher soviel Furore als Torwart gemacht, daß die Angebote aus der Hauptstadt Wien nicht lange auf sich warten ließen. Die Profiklubs Admira, Vienna, Austria und Wiener AC lockten den Steirerbuam mit Summen, von denen er früher nur zu träumen gewagt hatte.

Rudi entschloß sich schnell. Im Herbst 1927 fuhr er mit einem Freund auf dem Motorrad von Graz nach Wien und stellte sich beim Wiener Athletik-Klub vor, der Wochen zuvor schon bei ihm angeklopft hatte. Man wurde sich rasch einig. Allerdings hatte der WAC eine Bedingung zu erfüllen. Der Klub mußte Hiden eine Stelle als Bäckergeselle besorgen, was auch geschah. ›Handwerk hat goldenen Boden‹, dachte sich Rudi damals, ›wer weiß, ob ich eine sichere Position im Beruf nicht noch einmal brauchen werde.‹

Wenige Tage nach dem Vertragsabschluß erschien Hiden zum erstenmal beim WAC-Training. Die neuen Kameraden staunten nicht schlecht, als sie ihren Torwart sahen. Der hatte sich für seinen ersten Auftritt ganz fein herausgeputzt. Seine Steirertracht – Lederhosen und ein federgeschmückter Hut machten den schönen Rudi noch schöner – sorgte natürlich für Aufsehen auf dem Trainingsplatz und für Witzeleien unter den Mitspielern. »Du hast dich wohl verirrt«, flachsten sie, »und den Sportplatz mit einer Modenschau verwechselt.«

Rudi ließ sich nicht unterkriegen. Mit hervorragenden Leistungen und seinem extravaganten Auftreten hatte er sich schon nach wenigen Wochen in die Herzen der Wiener gespielt. Die Leute kamen, um Hiden zu sehen. Nicht nur wegen seiner Härte und seines Mutes, sondern auch und vor allem wegen einer Show, die wirkungsvoll durch seine Kleidung unterstützt wurde. Ein schwarzer Pullover mit weißen Ärmeln und weißem Kragen hob ihn aus der Masse der Mitspieler hervor.

Der Wiener AC war ein Modeklub geworden und Rudi Hiden sein Aushängeschild. Rudi tat aber auch alles, um aufzufallen und Eindruck zu schinden. Die teuerste Ausstattung war gerade gut genug für ihn. Vom feinsten Schneider Wiens ließ er sich Maßanzüge verpassen. Mit seinem dunkelblonden Haar, das er sich mit viel Pomade sorgfältig nach hinten gekämmt hatte, und seiner athletischen Figur wirkte er regelrecht attraktiv. Malern stand der Rudi Modell, und die Frauen flogen auf ihn. »Der ist so schön sexy«, schwärmten die Wienerinnen – und nicht nur die.

So blieb nicht aus, daß sich Rudi, der »Prater-Löwe«, auch als Salonlöwe einen Namen machte. In den Wiener Kaffeehäusern war er ebenso ständiger Gast wie in den noblen Freudenhäusern, in denen er sich von den schönsten Frauen verwöhnen ließ. Sein ausschweifendes Privatleben tat seinem Ruhm jedoch keinen Abbruch. Wie populär Hiden war, illustriert die Geschichte von dem Bub, der den österreichischen Bundeskanzler um ein Autogramm bat. Als er noch ein zweites haben wollte, fragte ihn der Herr Politiker: »Reicht dir denn das eine nicht?« Die Antwort des kleinen Wieners: »Ja, schaun's, gegen zwei Bundeskanzler-Autogramme kann ich in der Schule ein Autogramm vom Rudi Hiden eintauschen.«

Hiden gehörte zu jenem österreichischen »Wunderteam«, das im Frühjahr 1930 formiert wurde und dann einen unvergleichlichen Triumphzug durch Europa antrat. Zuerst erzwang man gegen die als unschlagbar geltenden Engländer in Wien ein 0:0, dann wurden die Schotten mit 5:0 abgefertigt. Deutschland erhielt gleich zweimal eine böse Abfuhr – 6:0 in Berlin und 5:0 in Wien. Die Schweiz wurde in Basel mit 8:1 niedergekantert, und Erzfeind Ungarn schlich mit einer 2:8-Pleite aus dem Wiener Praterstadion.

Dann kam jener denkwürdige 7. Dezember 1932, als sich Österreichs Kicker, die auf dem europäischen Kontinent den Ton angaben, in die Höhle des Löwen – nach England – begaben. Vom Festland richteten sich alle Augen auf das Londoner Chelsea-Stadion. Ganz Europa wünschte den Engländern, denen die Erfolge inzwischen zu Kopf gestiegen waren, endlich eine Niederlage.

Österreich verlor mit 3:4 Toren. Doch die Männer aus Wien hatten den Lack der hochnäsigen Briten ganz schön angekratzt. Die englische Presse schrieb Lobeshymnen auf Hiden und Co.: »Die Österreicher waren die moralischen Sieger.«

Schon zwei Jahre zuvor – Rudi war 21 Jahre und ein Torwart von europäischer Spitzenklasse – hatte England eine wichtige Rolle in Hidens bewegtem Leben gespielt. Arsenal London wollte ihn kaufen. Die feinen Gentlemen machten dem WAC und Hiden ein phantastisches Angebot. Der Verein und der Torwart fackelten nicht lange. Doch die Sache zerschlug sich, weil die englischen Behörden Hiden eine Arbeitserlaubnis verweigerten.

Die Londoner wollten eine Ablösesumme von 240000 Schilling hinblättern. Nach dem heutigen Kurs waren das etwa 5 Millionen Schilling – umgerechnet etwa 700000 Mark. Der WAC hätte ein Bombengeschäft gemacht, hatten die Wiener doch ihren Torwart für läppische 1400 Mark Ablöse von Graz übernommen.

Wenn ich daran denke, welche Summen heutzutage den Besitzer wechseln, kann ich über die 700000 Mark nur lachen. Da gibt's in Spanien einen Klub, der mit Gewalt Meister werden oder sonst einen Titel holen will. Koste es, was es wolle. Einmal kostete es 19 Millionen Mark, aber mit Diego Maradona hat der FC Barcelona sein Ziel bis jetzt noch nicht erreicht. Selbst die teuersten Spieler sind eben kein Garant für den Erfolg. Das wird vielleicht auch der SC Neapel noch merken, zu dem Maradona für mehr als 20 Millionen Mark wechselt.

Ob Inter Mailand mit Kalle Rummenigge das große Los gezogen hat, muß sich auch noch zeigen. 10 Millionen Mark hat der Präsident Pellegrini für ihn lockergemacht. Aber der Pellegrini hat's ja. Jedenfalls haben es der Karl-Heinz, der da unten ja eine ganz schöne Stange Geld verdient, und die Bayern richtig gemacht. Für das Geld wäre ich nach Amerika und wieder zurückgeschwommen. Und den Butler und das Kindermädchen hätte ich auch genommen. Aber der bescheidene Kalle hat ja darauf verzichtet und sich mit der Villa zufrieden gegeben.

Als im vergangenen März bekannt wurde, daß der Rummenigge nach Italien geht, hat übrigens kein Hahn danach gekräht. Von wegen Vaterlandsverräter und so. Er habe nie böse Worte zu hören bekommen oder gar Drohbriefe erhalten, hat der Kalle mir erzählt.

Dem Rudi Hiden wäre es nicht so glimpflich ergangen, wenn er damals nach England ausgewandert wäre. Das österreichische Fußballvolk war sofort auf die Barrikaden gegangen, als die Sache mit Arsenal an die Öffentlichkeit gedrungen war. Allen fiel ein Stein vom Herzen, als Hiden blieb.

Doch nicht mehr lange. Nach seinem Abschied vom österreichischen Nationalteam im Frühjahr 1933 – man schlug die Franzosen in Paris mit 4:0 – begann ein Ausverkauf der Austria-Stars. Hiden heuerte bei Racing Paris an und erlebte hier einen zweiten Fußballfrühling. Auf Anhieb schaffte er mit Racing das Double – Meisterschaft und Pokal.

Paris wurde für Rudi zu einer neuen Heimat. Er nahm die französische Staatsbürgerschaft an, heiratete eine Französin und spielte auch international für Frankreich. Nach dem Zweiten Weltkrieg versuchte er ein Comeback. Doch Rudi scheiterte – immerhin war er schon 35 Jahre alt. Schließlich fand sich doch noch jemand, der die Torwartkünste Hidens sehen wollte. Ein Zirkus nahm ihn auf. Hier ließ sich Rudi unter dem Gegröhle des Publikums von den Besuchern den Kasten vollhauen. Hielt er einen Strafstoß, kassierte er ein kleines Taschengeld.

Die Zirkusluft bekam Rudi Hiden jedoch nicht. Er verließ Frankreich und strebte in der Türkei einen Trainerposten an. Aber die Türken wollten ihn nicht. Mehr Glück hatte er in Italien, wo er vier Jahre als Trainer arbeitete – ohne nennenswerte Erfolge allerdings.

1966 kehrte Hiden nach Österreich zurück. Mit der anfangs erwähnten bösen Krankheit und leeren Taschen. Die Bar in Paris, die seinen Namen trug, die Pension am Wörthersee und die Bäckerei in Wien, alles war zur Pleite geworden. Als Rudi starb, hatte er keinen Groschen mehr. Die Legende um Rudi Hiden aber lebte lange fort. Noch viele Jahre nach seinem Tod war Hiden die Verkörperung des Torwarts schlechthin. »Mensch, der hält ja wie der Hiden«, staunten die Fans, wenn einer von Rudis Nachfolgern den Sport zur Show machte.

Ein Narr, der andere zum Narren hielt – Frank Swift

Frank Swift war jemand, der andere gerne zum Narren hielt; ein großer Torwart, der leider allzu schnell in Vergessenheit geriet. Frank war noch keine 43 Jahre alt, als er bei einem tragischen Unglück ums Leben kam.

Die Mannschaft von Manchester United stand im Viertelfinale des Europapokals 1957/58. Die Engländer erzielten in Belgrad ein 3:3 und zogen damit ins Halbfinale ein. Auf der Rückreise legte das Flugzeug mit der Mannschaft von Manchester, den Journalisten und einigen Schlachtenbummlern an Bord in München-Riem eine Zwischenlandung ein. Der Start im Schneesturm mißglückte, die Maschine zerschellte am Boden. Frank Swift, der nach seiner aktiven Laufbahn als Sportreporter bei der Sonntagszeitung »News of the World« arbeitete, war unter den Opfern dieser Katastrophe vom 6. Februar 1958.

In zahlreichen Anekdoten lebte Frank weiter. So erzählte man sich in Reporterkreisen folgende Geschichte: Während des Krieges fuhr ein Journalist mit der Straßenbahn durch Manchester. Vor ihm saßen zwei Arbeiter und unterhielten sich. Der eine sagte: »Im Radio haben sie durchgegeben, daß die Verteidigung von Tobruk zusammengebrochen ist.« »Na ja«, meinte da der andere Arbeiter nachdenklich, »wenn Big Swifty dabeigewesen wäre, wäre das bestimmt nicht passiert.«

»Big Swifty«, so hatten sie Frank Swift genannt. Mit einer Körpergröße von 1,92 Meter und einem Gewicht von 87 Kilo war er der Idealtyp des englischen Torwarts in den dreißiger Jahren. Auf der Insel hatten die Keeper einiges auszuhalten. Die damaligen Stürmer waren nämlich nicht besonders zartbesaitet – athletische Brocken, Kraftpakete, von denen kaum jemand leichter als 80 Kilo war. Und die setzten ihre ganze Körpermasse gnadenlos ein. Ein Torwart war für sie »Freiwild«. Er durfte zu Boden gerempelt wer-

den, man durfte ihm den Ball aus der Hand schlagen. Alles konnten sich die Feldspieler erlauben.
Bei Frank Swift hatten die Stürmerbullen allerdings die Rechnung ohne den Wirt gemacht. Er hatte sich eine Schutzmaßnahme ausgedacht, für die allerdings Nerven wie Drahtseile nötig waren, aber die besaß er.
Hatte Swift einen Ball gefangen, so schlug er ihn nicht gleich wieder ab. Seelenruhig drückte er das runde Leder an seine Brust und sah sich erst einmal um, ob irgendwo Gefahr im Verzug war. Befand sich ein gegnerischer Angreifer in der Nähe und unternahm der gar den Versuch, Swift zu attackieren, war der Keeper in seinem Element. Blitzartig nahm er eine Lauerstellung ein. Und wenn die 90 Kilo des Angreifers wie eine Dampfwalze auf ihn zurollten, duckte sich »Big Swifty«, sank in die Knie, und der Stürmer segelte in hohem Bogen über ihn hinweg ins Netz.
Mit dieser Masche hielt sich Swift so manches Unheil vom Leibe. Spieler, die ihn kannten und schon auf seinen Trick hereingefallen waren, hüteten sich, ein zweites Mal zum Narren gehalten und zum Gespött des Publikums zu werden. Swift liebte diese Späße. Er verstand sich nicht allein als Torwart. Er war auch Artist, Zirkusclown und Komödiant. Allerdings machte er meist erst dann seine Mätzchen, wenn das Spiel gewonnen war.
Frank Swift, Sohn eines Fischers aus Fleetwood in der Grafschaft Lancashire, legte seinen Weg nach oben im Eiltempo zurück. Weihnachten 1933, einen Tag vor seinem 18. Geburtstag, stand er im Stadion an der Main Road zum ersten Mal in der ersten Mannschaft von Manchester City. Das Debüt des Jungen ging gründlich in die Hose. Manchester verlor gegen Derby County mit 0:4.
Frank wollte bereits das Handtuch werfen und wieder zurück ins Gaswerk nach Fleetwood, wo er sich vorher sein Geld verdient hatte. Doch schon drei Tage nach dem mißglückten Einstand hütete er wieder das Tor von Manchester

City. Diesmal ging alles gut. Mit einem 3:0 über die Blackburn Rovers zog Manchester in die vierte Runde des englischen Ligapokals ein.
Auch die nächsten Spiele um den Cup überstand die Mannschaft. Swift und Co. erreichten das Finale im Londoner Wembleystadion. Portsmouth war der Gegner und klarer Favorit. Swift und seine Kameraden gingen als Außenseiter in das Spiel. Bis 20 Minuten vor Schluß lagen sie mit 0:1 hinten. Zwei Tore von Mittelstürmer Fred Tilson drehten den Spieß aber noch um. Mit einem 2:1-Sieg wurde Manchester City 1934 englischer Cupsieger.
In der Königsloge wartete König Georg V. bereits mit dem Pokal und den Medaillen. Aber die Siegermannschaft war nicht komplett. Swift fehlte. Man fand ihn genau dort, wo er die vergangenen 90 Minuten verbracht hatte. Langgestreckt, wie mausetot, lag »Big Swifty« auf der Torlinie. Ohnmächtig. Als der Schiedsrichter – der spätere FIFA-Präsident Stanley Rous – die Partie abgepfiffen hatte, war Frank wie ein Stein umgefallen.
»Majestät hat mich gefragt, ob ich mich wieder wohl fühle«, erzählte Swift später über die Ehrung. »Und wie wohl ich mich fühlte! Niemals in meinem Leben zuvor habe ich was Schöneres erlebt. Der Pokal und die Medaille, ich war wie im siebten Himmel.«
Swift hatte aber noch etwas anderes gewonnen, den festen Glauben an den Aberglauben. Versehentlich hatte er vor der Abfahrt ins Trainingslager für das Cupfinale die Fußballstiefel seines Bruders Fred eingepackt. Seine eigenen Schuhe waren dann nicht mehr rechtzeitig zu besorgen, weil die Mannschaft sich in einem entfernt gelegenen Badeort in Südengland vorbereitete. So mußte Frank in Wembley mit den Schuhen des Bruders spielen. Sie brachten ihm Glück – und Bruder Fred mußte sich neue Fußballstiefel kaufen.
Noch etwas zu den »Prämien«: Für den Pokalsieg erhielten Swift und seine Mitspieler nur die Medaille und den Hände-

druck des Königs. Sonst nichts. Da waren zum Beispiel unsere »Helden von Bern« schon besser dran. Als Belohnung für den Gewinn der Weltmeisterschaft 1954 in der Schweiz bekamen sie einen Kühlschrank oder einen Fernseher. Heute so etwas den Spielern des HSV, der Bayern oder der Nationalmannschaft anzubieten – unvorstellbar!

Vier Jahre lang nach dem Sieg in Wembley hielt sich Manchester City noch an der Spitze des englischen Fußballs. Dann ging's bergab. Als der Krieg ausbrach, war Manchester ein zweitklassiger Verein. Swift schlug sich als Polizist durch, obwohl er keinen blassen Schimmer davon hatte, wie man den Verkehr regelt oder einen Gauner zur Strecke bringt. Als der Krieg auch die Insel erreichte, meldete sich Frank freiwillig zur Armee. Man steckte ihn in eine Sportkompanie, wo er zum Sportlehrer ausgebildet wurde.

Als alles noch in Schutt und Asche lag, normalisierte sich der Gang der Dinge in der Fußballwelt bereits wieder. Schon in der Saison 1945/46 stand Frank Swift wieder im Tor von Manchester City. Er war 30 Jahre und hatte eine Familie zu versorgen. Das Geld, das er als Profi verdiente, reichte dazu nicht aus. Swift nahm deshalb einen Halbtagsjob in einem Lebensmittelgeschäft in Manchester an.

Als er 32 Jahre alt war, dachte Frank ans Aufhören. Im April 1948 hatte er sich in einem Länderspiel gegen Schottland zwei Rippen gebrochen. Seine Frau riet ihm, die Fußballschuhe an den Nagel zu hängen. Swift gehorchte. In seiner Firma nahm er eine Vollbeschäftigung an, und in seinem Klub kündigte er zum Saisonende.

Franks größte Stunde aber kam noch. Obwohl er die Verletzung von Glasgow noch nicht richtig auskuriert hatte, wurde Swift für das Länderspiel gegen Italien nominiert. Es war sein letztes von insgesamt 20 Länderspielen für England. Ohne den Krieg wären es erheblich mehr geworden.

Die Italiener, Weltmeister 1938 und 1943, galten damals als beste Mannschaft Europas. Das Stadio Comunale in Turin

war bis auf den letzten Platz besetzt. Die »Tifosi« feuerten ihre Mannschaft, die sofort das Kommando übernahm, stürmisch an. Ein Angriff nach dem anderen rollte gegen das englische Tor. Swift behielt die Ruhe.
In seiner gewohnten Lässigkeit machte Swift die Chancen der Italiener zunichte. Gegen die Tomaten, Eier und Flaschen, mit denen er von den wütenden Fans bombardiert wurde, konnte er sich allerdings nicht wehren. Zum Glück wurde Frank nicht verletzt. Die Engländer verließen am Ende als große Sieger den Platz. Mit einem 4:0 hatten sie den »Azzurri« eine Lektion erteilt.
Frank Swift hatte einen wunderbaren Abschied von der internationalen Fußballbühne. In seinem letzten Spiel hatte man ihn sogar zum Kapitän ernannt. Eine Ehre, die nie zuvor und auch nie danach einem englischen Torwart zuteil wurde.

Kapitän, was ist das schon? Ich habe auf solche Titel nicht viel gegeben. Über die persönliche Auszeichnung zum »Fußballer des Jahres«, die mir dreimal widerfuhr, habe ich mich sehr gefreut. Aber Kapitän? So viel Ehre bedeutet das wirklich nicht.
Nach der Weltmeisterschaft 1978 in Argentinien wurde ich Kapitän der deutschen Fußball-Nationalmannschaft. Ehrlich gesagt, ein bißchen enttäuscht war ich schon, daß ich erst so spät Spielführer der Nationalelf geworden bin. Schließlich war ich schon seit 1966 dabei. Franz Beckenbauer hatte seine internationale Karriere beendet, Gerd Müller spielte nicht mehr, und all die anderen waren fünf oder sechs Jahre später zum Kader der Nationalmannschaft gestoßen. ›An sich könntest du nun mal Kapitän werden‹, hab' ich mir gedacht.
Aber unser Herr Schön, der »Lange«, hat vor der WM Berti Vogts ausgewählt. »Du spielst doch hinten drin im Tor und der Berti im Feld. Er hat die Möglichkeit, an die Bank zu

laufen und Anweisungen entgegenzunehmen«, erklärte mir der Trainer damals seine Entscheidung.

Was sollte ich dagegen sagen? Meine Gedanken habe ich mir aber gemacht. Als Torwart hätte ich genausogut Kapitän sein können. Die Verbindung zur Bank hätte man auch über einen Mitspieler bewerkstelligen können.

Einen Kapitän braucht eine Fußballmannschaft. Er ist der verlängerte Arm des Trainers und der Sprecher der Mannschaft. Er muß die Interessen der Spieler vertreten. So zum Beispiel, wenn es um die Aushandlung von Prämien geht. Das ist dann immer eine sehr »dankbare« Aufgabe. Nur zum Wimpeltauschen, da braucht man keinen Kapitän.

Ich war kein bequemer Kapitän. Ich habe immer im Sinne der Mannschaft gehandelt, obwohl ich dann oft bei den Funktionären der böse Bube war. Aber das hat mich nie gestört. Die Mannschaft – ob in der Nationalelf oder beim FC Bayern – hat mir immer den Rücken gestärkt, so daß ich als Kapitän ein leichtes Amt hatte.

Alter schützt vor Towart nicht

Alter – was ist das schon? Für mich ein biologischer Vorgang. Mehr nicht.
Wenn mir mein schrecklicher Unfall am 14. Juli 1979 nicht in die Quere gekommen wäre, stünde ich heute noch im Tor. Mit 40 Jahren. Beim FC Bayern und in der Nationalmannschaft.
Daß man auch noch weit jenseits der 30 Weltklasseleistungen zeigen kann, hat eine ganze Reihe meiner Torwartkollegen bewiesen. Ob es nun Lew Jaschin war oder Dino Zoff.
Wenn man ein sportliches Leben geführt und seine Kräfte im Tor nicht mit unnötigen Mätzchen vergeudet hat, dann kann einen kein Alter »vor Torwart« schützen.
Ich war 35 und dachte noch längst nicht ans Aufhören. Fünf Spiele fehlten mir noch, dann war ich im exklusiven »Hunderter-Klub«. 100 Spiele im Trikot der deutschen Fußball-Nationalmannschaft. Das war damals mein Ziel. Wenn's mehr geworden wäre – um so besser.
Doch der Unfall machte mir einen dicken Strich durch die Rechnung.
Mir hat's damals natürlich auch sportlich sehr weh getan, daß ich mitten aus meinem Leistungshöhepunkt herausgerissen wurde. Aber andererseits war es auch genau der richtige Zeitpunkt, in dem mir »von oben« meine fußballerische Tätigkeit versagt wurde.
In den fünf Jahren seit meinem Unfall hat sich nämlich nichts Positives mehr im Fußball getan. Die Entwicklung war eher negativ. Nicht nur im deutschen Fußball, auch im europäischen und im Weltfußball. Welche Ursachen der rückläufigen Tendenz zugrunde liegen, weiß ich nicht. Viel-

leicht liegt's an den vielen Spielen – Bundesliga, Europacup, Länderspiele. Die Leute werden mit so viel Fußball überhäuft, daß das Interesse nachlassen muß.
Meiner Meinung nach sollte man z. B. den Terminplan entzerren, auch wenn das schwierig ist. Die einzige Möglichkeit ist, eine richtige Winterpause einzuführen. Im Dezember sollte Schluß mit dem Fußball sein, im März könnte es wieder losgehen. Daß im Sommer, wo die ideale Zeit für Fußball ist, eine sechs- oder gar siebenwöchige Pause eingelegt wird, finde ich absolut widersinnig. Zu hohe Temperaturen sind kein Argument, denn man könnte abends unter Flutlicht spielen. In Urlaub gehen können die Spieler schließlich auch im Winter.
Aber mich berühren diese Probleme ja nicht mehr. Ohne Fußball lebt sich's leichter. Ich bin unabhängig. Heute zum Tennis, morgen zum Skifahren, übermorgen zum Surfen. Ich kann dann Urlaub machen, wenn meine Tochter Schulferien hat. Das war zu meiner aktiven Zeit alles nicht möglich.
Damals hätte ich nie geglaubt, ohne Fußball leben zu können. Aber es geht! – sogar besser. Vorausgesetzt, man hat keine finanziellen Probleme. Aber wenn man, wie ich, 20 Jahre im Geschäft war und so viele Titel geholt hat, dann ist die Mark natürlich nicht ausgeblieben. Bei geschickter »Haushaltsführung« in der aktiven Zeit kann man für seinen Lebensabend ausgesorgt haben.
Das hört sich eigenartig an, daß der Maier Sepp mit 40 schon an seinen Lebensabend denkt. Das wäre schlecht. Durch Nichtstun wird man ganz schnell alt. Mit 45 ist man dann schnell so träge wie ein 60jähriger.
Ich kann mich über Beschäftigung auch heute nicht beklagen. Mein Tennispark läuft gut, das ist eine gute Rente. Hin und wieder gebe ich Autogrammstunden, aber nur da, wo sich's auch rentiert. Ein bißchen Werbung... Zur Zeit habe ich ja das Glück, daß die deutsche Nationalmannschaft nicht

so gut spielt und es daher dort kein so großes Interesse der Werbeträger gibt wie früher. Der Rummenigge macht Reklame oder der Schumacher, aber damit hat sich's. Mir soll's recht sein. Andererseits laufe ich natürlich auch nicht hinter den Werbeaufträgen her.
Ich bin viel unterwegs. Mein Terminplan ist voll. Deshalb mußte ich auch in den letzten Jahren vom Fußball immer mehr Abstand nehmen. Schließlich will auch meine Familie zu ihrem Recht kommen. Sie ist lange genug vernachlässigt worden und hat sich dem Rhythmus meines Fußballerlebens anpassen müssen. Das ist jetzt anders.
Mittelstürmer beim SV Anzing bin ich schon lange nicht mehr. Auch die Prominentenspiele halten sich bei mir in Grenzen. Ich kann das nicht verstehen, wie der Wolfgang Overath das macht, der in der Woche ein- oder zweimal im In- oder Ausland antritt. Mir wäre das zuviel. Ich ziehe mir nur noch ganz selten den Torwartpullover über.
Abschiedsspiele wie das für Ronnie Hellström im April 1984 sind Ausnahmen. Das macht man umsonst, weil man es einem guten Spieler oder Kameraden einfach schuldig ist. Obwohl es da Spieler geben soll, die auch bei solchen Anlässen ihr Geld verdienen.

Der schwarze Magier – Lew Jaschin

Der Jaschin stand mit 40 Jahren noch im Tor. Warum sollte ich nicht das gleiche bis 45 tun? Das war immer meine Antwort, wenn einer wissen wollte, wie lange der Maier Sepp noch spielen würde. Nun, bei mir war aus den bekannten Gründen mit 35 Schluß.
Jaschin war mein Vorbild. Auch er hat wie ich Maschinenschlosser gelernt. Ob das Einfluß auf unsere Torwartleistungen gehabt hat? Eines ist jedenfalls klar: Der Jaschin und ich waren wie Whisky – je älter, desto besser!

Lew Jaschin war 42 Jahre alt, als er von der internationalen Bühne abtrat. Die besten Spieler der Welt und 100000 Zuschauer im prall gefüllten Moskauer Lenin-Stadion bildeten bei seinem Abschied die Kulisse. Nach einer Stunde Spielzeit ging Jaschin vom Platz. »Ein Jammer, daß er geht«, sagte damals der englische Nationalspieler Bobby Charlton. Das war am 27. Mai 1971.

20 Jahre lang hatte Jaschin im Tor von Dynamo Moskau gestanden, über 300 Meisterschaftsspiele bestritten. Für die sowjetische Nationalmannschaft war er 78mal im Einsatz. 1956 wurde er in Australien Olympiasieger, 1960 Europameister. Dreimal nahm er an einer Weltmeisterschaft teil.

1963 erhielt Jaschin eine Auszeichnung, die normalerweise nur Feldspielern, vor allem Stürmern, zuteil wird. In einer Umfrage der französischen Zeitschrift »France Football« wurde er zu Europas »Fußballer des Jahres« gewählt.

Mir hat Jaschin immer imponiert. Seine lässig-schlaksige Art, mit der er scheinbar unhaltbare Schüsse hielt; seine Entschlossenheit und Kaltblütigkeit. Vor allem aber seine Eigenschaft mitzuspielen, mitzudenken.

Jaschin war wohl der erste Torwart überhaupt, der zum »Spielmacher« wurde. Er erkannte den Vorteil, der in seiner Position als letzter Mann steckte – nämlich, das Spiel überblicken und Spielzüge verfolgen zu können. Jaschin nutzte diese frühzeitigen Erkenntnisse bei seinen Abwehrreaktionen. Er löste sich weit von der Torlinie und dehnte seinen Aktionsradius auf den gesamten Strafraum aus.

Seine moderne Spielauffassung wurde ihm allerdings auch einmal zum Verhängnis. Während eines Trainingsspiels stand Lew wie gewohnt weit vor seinem Tor. Ehe er sich's versah, war der Abstoß des gegnerischen Torwarts hinter ihm eingeschlagen. Jaschin hatte die Flugbahn falsch eingeschätzt und den Ball unterlaufen. Ich bin sicher, er hat sich furchtbar geärgert.

In böser Erinnerung wird Jaschin auch ein Pokalendspiel

haben, in dem sich die beiden Lokalrivalen Dynamo und ZSKA Moskau gegenüberstanden. In diesem Match brachte er den ZSKA-Stürmer Agapow an der Strafraumgrenze mit einem bösen Foul zu Fall, als dieser allein mit dem Ball aufs Tor zulief. Agapow blieb verletzt liegen, Jaschin mußte vorzeitig in die Kabine. Der erste und letzte Platzverweis für ihn. Er bekam daraufhin einen Denkzettel verpaßt: einen Monat Sperre für die Spiele Dynamos und der Nationalelf. Seitdem hat Jaschin nie mehr auch nur eine Verwarnung kassiert.

Lew Jaschin hatte offenbar ähnliche Probleme mit seinem Temperament wie ich. Manchmal brannte ihm die Sicherung durch. Dabei war ihm während seiner Ausbildung eins immer wieder eingebleut worden: Disziplin.

Der »lange Lulatsch« machte eine harte Schule durch. Sein Vorgänger im Nationalteam, Chomitsch, führte ihn bei Dynamo Moskau ein. »Ohne Fleiß kein Preis« hieß hier das Motto, mit dem Cheftrainer Tschernyschew und seine Mitarbeiter den Nachwuchs auf höhere Aufgaben vorbereiteten. Die Anforderungen waren enorm hoch. Jeden Tag bis zu sechs Stunden Gymnastik, Schwimmen, Laufen, Springen, Werfen, Krafttraining, Boxen und Ringen. Im Winter dann Skilaufen, Schlittschuhlaufen und Eishockey. Seine Schützlinge sollten nach Meinung von Tschernyschew möglichst viele Sportarten beherrschen. So kam es, daß Jaschin zwei Winter lang – 1951 bis 1953 – im Tor der Dynamo-Eishockeymannschaft stand.

Die harte Moskauer Schule hatte ihr Gutes. Jaschin war hart im Nehmen. Fünf Gehirnerschütterungen und drei Knochenbrüche erlitt er im Laufe seiner Karriere. Doch die schweren Verletzungen hinderten ihn nicht daran, immer wieder aufs neue Kopf und Kragen zu riskieren.

Berufsfußball ist und war schon damals ein brutaler Job. Wer am Ende seiner Laufbahn kein halber Krüppel ist, der hat verdammt viel Glück gehabt.

Irgend jemand hat mal behauptet, Jaschin sei so gut gewesen, weil er übernatürliche Kräfte besessen habe. Schon als Jugendlicher soll er mit seinen Eltern an geheimnisvollen Sitzungen, die in der Nachbarschaft stattfanden, teilgenommen und dort Hypnose gelernt haben.
Zugegeben, ganz geheuer war mir der Bursche nicht. Mit seinen langen Spinnenarmen, die die Bälle wie ein Magnet anzogen – in seiner Laufbahn wehrte er sage und schreibe 150 Elfmeterbälle ab! Und immer war er ganz in Schwarz gekleidet!
Ob es mit dem Namen »schwarzer Magier«, den man ihm gegeben hat, tatsächlich was auf sich hatte?

Trainer im Tor – Erwin Ballabio

Die Schweiz hat mir als Land immer gut gefallen: Käse, Schokolade, Uhren und das Bankgeheimnis. Alles feine Sachen. Aber Fußballer? Ich erinnere mich nur an Karl Odermatt und René Botteron, der mal beim 1. FC Köln und beim 1. FC Nürnberg ein Bundesligagastspiel gab.
Die guten Torhüter, die die Eidgenossen besaßen, sind auch schnell aufgezählt. Frankie Sechehaye, 37 Länderspiele, Karl Elsener, 34, Eric Burgener 33, und Erwin Ballabio, 27.
Ballabio wäre sicher Schweizer Rekordnationaltorwart geworden. Aber seine beste Zeit fiel ausgerechnet in die Jahre, in denen der Zweite Weltkrieg ein normales Länderspielprogramm verhinderte.
Wie bei so vielen Torhütern begann auch die Karriere von Erwin Ballabio mit einem Zufall. Er war 15 Jahre und spielte Verteidiger in der Juniorenmannschaft des FC Grenchen. Erwin war ein kräftiger Bursche, der mit seinen Gegnern nicht zimperlich umsprang.
Eines Tages traf man auf eine starke Mannschaft. Erwin und seine Nebenleute hatten Schwerstarbeit zu verrichten. Alle

Mühe war jedoch vergebens. Ihr Torwart hatte nämlich einen rabenschwarzen Tag erwischt. Siebenmal mußte er hinter sich greifen. Da wurde es dem Betreuer zu bunt – er schickte Ballabio ins Tor.

In der allgemeinen Hektik vergaß man jedoch, den Wechsel beim Schiedsrichter anzumelden. So ertönte schon beim ersten Ballkontakt des neuen Schlußmanns die Pfeife des Unparteiischen. Elfmeter. Ballabio hielt. Seitdem blieb er im Tor.

So ungewöhnlich wie sie begann, so ungewöhnlich endete auch die Laufbahn von Erwin Ballabio im Jahr 1959. Er war mittlerweile 41 Jahre. Schon drei Jahre zuvor hatte er seinen Platz im Tor der ersten Mannschaft des FC Grenchen geräumt und war Trainer seines Stammvereins geworden.

Er war ein erfolgreicher Trainer. Grenchen gelang der Einzug ins Schweizer Pokalendspiel. Eine Woche vor dem Finale traf die Mannschaft ein böser Schlag: Der Ersatztorwart verletzte sich. Und da der Stammkeeper schon seit längerem außer Gefecht war, stand die Elf plötzlich ohne Torwart da. Da gab's zwar noch einen in der Juniorenmannschaft, doch der war für dieses wichtige Spiel entschieden zu unerfahren.

Erwin Ballabio überlegte nicht lange. Er zog sich den schwarzen Pullover über und stellte sich ins Tor. Der FC Grenchen schlug im Berner Wankdorf-Stadion Servette Genf mit 1:0. Im Alter von 41 Jahren und mit 15 Kilogramm Übergewicht war dem Trainer und »Eintagestorwart« Erwin Ballabio gelungen, was ihm zuvor in 22 Jahren Nationalliga-Fußball nie geglückt war. Er hatte mit dem Schweizer Pokal endlich einen Titel gewonnen.

18 Jahre lang blieb er seinem Klub treu. Nur in drei Spielzeiten arbeitete Ballabio für einen anderen Verein. 1940/41 in Lausanne und von 1946 bis 1948 in Thun. In der Schweizer Nationalmannschaft war Ballabio zwischen 1939 und 1947 aktiv.

Von den 27 Länderspielen müssen ihm zwei in besonderer Erinnerung sein. Da war erst mal die Begegnung mit Deutschland am 20. April 1941. Fritz Walter, Helmut Schön, Berni Klodt, Paul Janes und Co. kamen nach Bern. Die Schweizer waren hochmotiviert, wie man heute so schön sagt. 40 Tage zuvor hatten sie nämlich in Stuttgart mit 2:4 verloren. Für diese Schlappe wollten sie sich revanchieren. Es gelang. Die Schweiz gewann mit 2:1.
Gut vier Jahre später, am 21. Juli 1945, gab es den zweiten Höhepunkt in Ballabios Karriere. England war im Berner Wankdorf-Stadion zu Gast. Was niemand für möglich gehalten hatte, geschah. Die Schweizer schlugen die als übermächtig geltenden Briten mit 1:0.
Als Trainer setzte Erwin Ballabio seine Erfolge fort. Zehn Jahre betreute er den FC Grenchen. Und in dieser Zeit stieg der Verein nie ab. 1966 wechselte Ballabio den Arbeitgeber. Der Schweizer Fußball-Verband ernannte ihn zum technischen Leiter der Nationalmannschaft.
Bereits drei Jahre später war Ballabio Schweizer Bundestrainer. Seinen Vorgänger, Alfredo Foni, hatte das Glück verlassen. Mit ihm hatten die Eidgenossen eine Niederlage nach der anderen kassiert. Die Funktionäre feuerten ihn und verpflichteten Ballabio als neuen Schweizer Nationalcoach. Sein Einstand wurde zum Triumph. In der Qualifikation für die Weltmeisterschaft in Mexiko bezwang die Schweiz den hohen Favoriten Portugal in Lissabon mit 2:0.
Der Jubel war riesig. Die Schweizer wähnten sich bereits mit einem Bein in Mexiko. Doch die kalte Dusche folgte bald. Das Heimspiel gegen Rumänien ging verloren. Die WM-Fahrkarte war futsch.
Der Schuldige war schnell gefunden. Erwin Ballabio. Die Kritiker, die den Trainer nach dem Husarenstreich in Lissabon noch als famosen Strategen und hervorragenden Psychologen gefeiert hatten, wünschten ihn nun zum Teufel. Als dann auch der Schweizer Verband kein Vertrauen mehr

in ihn setzte, beendete Ballabio seine kurze Karriere als Bundestrainer. Im Sommer 1969 gab er seinen Rücktritt bekannt.

Torwart-Methusalem – Amadeo Carrizo

Ein Torwart kann – im Gegensatz zu den Feldspielern – auch noch jenseits der 30 Jahre einen hohen Leistungsstandard bewahren. Bestes Beispiel dafür ist Amadeo Carrizo.
Der Argentinier brach in Südamerika alle Rekorde. Mit 38 Jahren stand er noch im Tor der argentinischen Nationalmannschaft. Und mit 44 spielte er noch bei einem Klub in Kolumbien, den Millionarios in Bogotá.
Damit ist die Rekordliste des Torwart-Methusalems noch längst nicht beendet. 28 Jahre lang betätigte er sich bei zwei lateinamerikanischen Vereinen als Toreverhinderer. 522 Meisterschaftsspiele betritt Carrizo für River Plate Buenos Aires, 60 für die »Millionäre« in Bogotá.
In seinem Heimatland Argentinien blieb Amadeo bei Spielen der Nationalmannschaft bis ins Jahr 1967 ganze 769 Minuten unbesiegt. In Bogotá, wo er von 1969 bis 1970 spielte, kassierte er in 490 Minuten kein Gegentor. Bei den Spielen um den Nationencup 1964 in Rio de Janeiro hielt er seinen Kasten 270 Minuten lang sauber. Und das gegen so starke Gegner wie England, Portugal und Brasilien.
Mehr als zwei Jahrzehnte lang hielt Carrizo auch den Elfmeterrekord in Argentinien. 18mal »tötete« er in Meisterschaftsspielen einen Strafstoß.
Amadeo Carrizo war ein Modellathlet. Figur wie ein Kleiderschrank, kein Gramm Fett zuviel. Und Hände so groß wie Teller. Es sah schon seltsam aus, wenn er mit einer Hand den Ball aus der Luft holte und festhielt.
Schon als Jugendlicher war Carrizo so gut gebaut. Er war gerade 17 Jahre, da hatte er bereits seinen Spitznamen weg.

»El Tarzan« nannten ihn seine Schulkameraden nach dem Urwaldmenschen, den der mittlerweile verstorbene Weltklasseschwimmer Johnny Weissmüller auf der Filmleinwand verkörperte.
Zum Film wollte Amadeo Carrizo – wie Weissmüller – auch. Er erhielt sogar ein Angebot von einer argentinischen Filmgesellschaft für die Hauptrolle in einer Liebesschnulze. Carrizo lehnte ab. »Ich bin kein Typ, der einen Liebhaber mimen kann. Bei einem Abenteuerfilm oder Western hätte ich zugegriffen.«
Eine zweite Karriere hatte Carrizo ohnehin nicht nötig. Er verdiente gut, war erfolgreich und populär. Aber es gab auch Momente, wo man den Supermann am liebsten in die Wüste geschickt hätte.
Argentinien reiste als hoher Favorit zur Weltmeisterschaft 1958 nach Spanien. In den Vorbereitungsspielen in Italien lief alles nach Wunsch. Neapel wurde 4:1 besiegt, Inter Mailand 5:0. Der erste Gegner in Schweden hieß Deutschland, das seinen Titel als Weltmeister verteidigen wollte.
Für Sepp Herberger war der Gegner ein Buch mit sieben Siegeln. Wer kannte sich in Europa schon auf der südamerikanischen Fußballszene aus? Herberger sah schwarz. »Ein Unentschieden wäre schon ein Erfolg für uns«, meinte der Bundestrainer damals.
Herbergers Befürchtungen schienen sich zu bestätigen, als die Argentinier bereits nach zwei Minuten mit 1:0 in Führung gingen. Nach einer halben Stunde dann der überraschende Ausgleich. Helmut Rahn hatte Carrizo mit einem Bombenschuß überwunden. Deutschland übernahm dann nach der Pause das Kommando, und am Ende hieß es durch Tore von Uwe Seeler und erneut Rahn 3:1 für den Außenseiter. Die WM hatte ihre erste Sensation.
Den »deutschen Schock« verdauten die Argentinier nicht mehr. Gegen Nordirland wurde zwar mit 3:1 gewonnen, aber dann erlebten sie ein Debakel: 1:6 gegen die ČSSR.

In der Heimat war der Teufel los. Die Fans bereiteten ihren Fußballhelden den entsprechenden Empfang. Ein Hagel von Apfelsinen, Tomaten und Eiern ging auf die Spieler nieder, als sie in Buenos Aires aus dem Flugzeug stiegen.
Der Sündenbock für die Pleite in Schweden war schnell gefunden. Amadeo Carrizo. Die ganze Wut der Fans richtete sich gegen den Torwart. Die Presse machte ihn nieder. Enttäuscht und entnervt zog sich Carrizo zurück. Fast ein Jahr lang ließ er sich in den Fußballstadien Argentiniens nicht mehr blicken. Er dachte sogar daran, die Fußballstiefel an den Nagel zu hängen.
Vier Jahre nach der Schmach von Schweden feierte »el Tarzan« ein glänzendes Comeback. Der Mann, der ihm den zweiten Fußballfrühling ermöglichte, war ein ehemaliger Mannschaftskamerad: Alfredo di Stefano. Don Alfredo spielte bei Real Madrid. Er war zu der Zeit Europas Fußballkönig.
Während seiner Europatournee traf River Plate – wieder mit Carrizo im Tor – auf Real. Die Argentinier gewannen mit 4:1. Carrizo war der Held des Tages, er parierte sogar einen Elfmeter von di Stefano.
Diesmal wurde die Rückkehr nach Buenos Aires zum Triumphzug für Amadeo Carrizo. Dieselben Leute, die ihn 1958 am liebsten gesteinigt hätten, verehrten ihn nun als Fußballgott. Schweden war vergessen.
Amadeos Comeback in der Nationalelf verlief ebenso glorreich wie das im Verein. 1964 gewann Argentinien den Nationenpokal in Brasilien. Selbst die Brasilianer waren von dem Torhüter begeistert. Nicht König Pélé beherrschte die Schlagzeilen, sondern Amadeo Carrizo.
1968 wollte Carrizo endgültig abtreten. Lukrative Angebote aus Uruguay, Ekuador, Costa Rica, Mexiko und Kolumbien machten ihn aber noch einmal mobil. Bei den Millionarios in Bogotá unterschrieb der 43jährige einen Zweijahresvertrag.

Mit 44 wurde Carrizo auf diese Weise sogar noch einmal Meister. Mit den »Millionären« gewann er die Landesmeisterschaft von Kolumbien.

Fünfmal WM – Antonio Carbajal

Weltmeisterschaft 1970 in Mexiko. Leon war unser Gruppenspielort. 1885 Meter hoch, damals 300000 Einwohner. Wir wohnten im Balneario de Comanjilla. Ein Hotel mit Thermalbad, 30 Kilometer südöstlich von Leon. Mitten in der Wüste. Ein Paradies. Ich habe mich dort sehr wohlgefühlt. Überhaupt. Mexiko war meine schönste Weltmeisterschaft, auch wenn wir im Halbfinale, dem unvergessenen Fußballkrimi gegen Italien, ausschieden.

In Leon waren wir eine Macht. 2:1 gegen Marokko, 5:2 gegen Bulgarien, 3:1 gegen Peru. Dann das denkwürdige Spiel gegen England, unseren Angstgegner. England war vier Jahre zuvor im eigenen Land Weltmeister geworden. Wir alle brannten auf die Revanche für die Niederlage im Wembleystadion.

Das Spiel ging in die Fußballgeschichte ein. Wir holten einen 0:2-Rückstand auf und gewannen in der Verlängerung mit 3:2.

Ein Mann war für mich der Held des Tages: Uwe Seeler. Wie der in der brütenden Mittagshitze gerackert hat. Und dann sein Kopfballtor. Mit dem Hinterkopf hat er's »geschossen«. Englands Torwart Peter Bonetti hatte keine Chance.

Die Mexikaner, die ohnehin alle auf unserer Seite standen, feierten Uwe enthusiastisch. Am liebsten hätten sie ihm an Ort und Stelle ein Denkmal gesetzt.

Doch der Uwe war zu spät dran. Das Stadion in Leon war bereits einem anderen großen Fußballer gewidmet. An der Wand neben dem Haupteingang klebt ein riesiges Mosaik. In bunten Farben ist ein Torwart dargestellt, der einen Ball

fängt – Antonio Carbajal, der wohl berühmteste Torwart Mexikos.
Antonio Carbajal hütete 20 Jahre lang das Tor seines Stammklubs FC Leon. Mit seiner Familie wohnt er heute etwas außerhalb seiner Geburtsstadt. Eine Villa hat er sich von dem Geld gekauft, das er als Fußballprofi verdient hat.
In seinem Haus richtete er ein Trophäenzimmer ein, in dem alle Pokale, Ehrenpreise, Trikots und Wimpel aufbewahrt werden, die er im Verlauf seiner langen Karriere eingesammelt hat. Die stolzeste Auszeichnung hat einen Ehrenplatz in einer Glasvitrine. Es ist eine riesige Silberschale, ein Geschenk der FIFA, das ihm bei der Weltmeisterschaft 1966 in England von Präsident Sir Stanley Rous überreicht wurde. Dies erhielt er als Anerkennung dafür, daß er als einziger Fußballer der Welt bis dato an fünf Weltmeisterschaften teilgenommen hatte. Carbajals Rekord ist bis heute nicht gebrochen.
Das erste seiner fünf Weltturniere bestritt Antonio Carbajal mit 21 Jahren 1950 in Brasilien. Doch am »Zuckerhut« in Rio hagelte es nur Niederlagen. 0:4 gegen Brasilien, 1:4 gegen Jugoslawien, 1:2 gegen die Schweiz. Dann durften die Mexikaner wieder heimfliegen. Vier Jahre später in der Schweiz waren Carbajal und Co. ebenfalls nur Kanonenfutter. 1958 in Schweden dann endlich der erste Erfolg bei einer WM, auch wenn es nur ein 1:1 gegen Wales war. 1962 in Chile gab's sogar den ersten Sieg Mexikos. 3:1 gegen die ČSSR, den späteren Vizeweltmeister.
Und 1966 in England machten die Mexikaner insgesamt gar keine schlechte Figur. Gegen den späteren Weltmeister unterlagen sie »nur« mit 0:2. Ein 1:1 gegen Frankreich folgte. Im 86. und letzten Länderspiel von Carbajal gab es dann noch einen Achtungserfolg. Den Ballzauberern aus Uruguay trotzte Mexiko ein 0:0 ab. 37 Jahre alt war Carbajal, als er Schluß machte.
Und wie er Schluß machte. Als der schwedische Schiedsrich-

ter Lööw die Partie gegen Uruguay abpfiff, kniete Carbajal im Tor nieder, beugte sich hinunter auf den Rasen, küßte ihn und weinte. Dann trugen ihn seine Mannschaftskameraden auf den Schultern durch das weite Rund des Stadions. 35 000 Zuschauer standen von ihren Sitzen auf. Prasselnder Beifall für den Torwartveteranen.

Die internationale Karriere von Antonio Carbajal endete dort, wo sie begonnen hatte. In England, genauer gesagt im Londoner Wembley-Stadion. 1948 schickten ihn die Mexikaner zu den Olympischen Spielen nach London, weil er der beste Torwart war und zum Glück noch Amateur. Doch schon in der ersten Runde kam das Aus für die Mexikaner – 3:5 gegen Korea. Fünf Gegentore. Für Carbajal nicht gerade ein gelungens internationales Debüt.

Damals feierte Antonio noch nicht die Zeremonie, die er später vor jedem Spiel praktizierte. Vielleicht war das der Grund für seinen unglücklichen Einstand? Jedenfalls: Carbajal, ein frommer Katholik, stellte sich vor dem Anpfiff mit dem Rücken zum Spielfeld ins Tor, faltete seine Hände und betete...

Er war gläubig, aber auch abergläubisch. Welcher Sportler ist das nicht? Antonio trug in allen Spielen unter seinem Torwartpullover ein zerrissenes grünes Trikot seines Vereins FC Leon mit der Nummer 4. Carbajal zog es aber immer verkehrt herum an, so daß die 4 nach vorne zeigte.

Warum er das tat, hat er mir nicht verraten, auch nicht, als ich ihn einmal während der Weltmeisterschaft in Mexiko – da hatten wir ja unser Quartier in Leon – besuchte.

Bei einem Gang durch seine Villa zeigte er mir mit besonderem Stolz seine Trophäensammlung. Ich kam aus dem Staunen nicht heraus. Was sich im Laufe einer langen Karriere so alles ansammelt. Von allen Wimpeln und Pokalen konnte mir Carbajal noch ganz genau erzählen, wo und wie er sie erhalten hatte. Dann zeigte mir der Antonio noch etwas anderes. Hinter seiner Villa standen verstreut ein paar Aga-

ven, eine Kakteenart, aus der die Mexikaner ihren Schnaps, den teuflischen Tequila, brauen.
Antonio beugte sich über eine Agave, bog die dicken, harten Blätter auseinander und deutete mit dem Finger in das Innere der Pflanze. Ich schaute hinein und sah unten am Boden eine milchige Flüssigkeit. Das sei »pulque«, klärte mich Antonio auf, ein köstliches Getränk. Und ohne Alkohol.
Mit einer Kelle schöpfte er etwas von dem Zeug heraus und füllte es in einen kleinen Steinkrug. »Probier mal«, sagte er zu mir, »schmeckt wunderbar.« Ich leerte den Krug in einem Zug. Kaum war ich im Hotel angekommen, wurde mir reichlich komisch zumute. Von wegen kein Alkohol. War ich froh, als ich in meinem Bett lag. Der »pulque« hatte mich glatt umgehauen. Ich war hundemüde.
Die Begegnung mit Antonio Carbajal habe ich bis heute nicht vergessen. Señor Antonio war ein vornehmer Mann, gebildet, lustig, großzügig. Und einer, der schon mal gerne auf Kosten anderer seinen Spaß hatte.

Der Held von Rio – Roque Maspoli

Rio de Janeiro, 16. Juli 1950. Die Millionenstadt am Fuße des »Zuckerhutes« kocht. Brasilien liegt im Fußballfieber, und Rio ist das Zentrum. 200000 Menschen ziehen lärmend durch die Stadt. Ihr Ziel: Das Maracana-Stadion.
Die Massen feiern bereits den neuen Weltmeister, obwohl das Endspiel noch gar nicht bgonnen hat. Brasilien wird's – wer sonst? Uruguay heißt der Gegner. Doch den Spielern vom Rio de la Plata gibt man nicht einmal eine Außenseiterchance. Die Wetten in Rio sprechen eine deutliche Sprache: 1000:1 für Brasilien. Doch es sollte anders kommen.
Roque Maspoli stand damals im Tor der Urus. 33 Jahre alt war er bereits. Er und seine Kameraden aus dem heißen

Süden Lateinamerikas blieben eiskalt. Das Gegröhle und die Spottrufe der Fans im Hexenkessel von Maracana irritierten sie nicht. Die uruguayanische Mannschaft war psychologisch optimal auf das Endspiel vorbereitet. Jeder hatte seine Nerven unter Kontrolle. Brasilien konnte kommen.
Und wie die Brasilianer kamen. Angetrieben von 200000 Menschen legten sie los wie der Teufel. Und die Fans schwebten schon bald im siebten Himmel. Brasilien ging mit 1:0 in Führung. Doch die Urus resignierten nicht. Schiaffino schaffte den Ausgleich. Atemlose Stille im Stadion. Brasiliens Ballzauberer waren geschockt. Elf Minuten vor dem Schlußpfiff gelang Rechtsaußen Ghiggia der Siegtreffer zum 2:1. Uruguay war Weltmeister.
Roque Maspoli hatte seinen Traum verwirklicht. Jahrelang hatte er auf die Weltmeisterschaft hingearbeitet. Die Erfolge mit seinem Klub, Penarol Montevideo, spielten mehr eine Nebenrolle. Man muß sich Ziele setzen und sich auf die konzentrieren – das war Maspolis Lebensauffassung.
Schon als junger Mann hatte Maspoli verbissen an sich gearbeitet. Der Ehrgeiz war seine große Stärke, und er machte sich bezahlt. Mit 21 Jahren trug Roque zum erstenmal das Trikot von Penarol Montevideo. Im Laufe der Jahre gewann er mit seinem Klub fünfmal die Landesmeisterschaft.
Jetzt würde er auch die Nummer eins in der Nationalmannschaft werden, glaubte Maspoli. Er hatte sich verrechnet, doch entmutigen ließ er sich nicht.
1945 war es dann soweit. Maspoli gab sein Debüt in Uruguays Nationalteam. Während der Südamerika-Meisterschaft der Nationen in Chile wurde Ekuador mit 5:1 besiegt. An selber Stelle – mit 38 Jahren – beendete Maspoli seine internationale Karriere. Bei Penarol stand er noch mit 40 im Tor, ehe er einem Jüngeren seinen Platz überließ.
Danach stellte Maspoli dem Klub seine Erfahrung zur Verfügung. 17 Jahre lang hatte er für Penarol zwischen den

Pfosten gestanden, 834 Einsätze hinter sich. Keiner war besser geeignet, die Mannschaft zu betreuen. Maspoli wurde Trainer und hatte Erfolg. Sein größter war der Gewinn des Weltpokals für Vereinsmannschaften. 1961 besiegte Penarol Europacupsieger Benfica Lissabon.

All diese Erfolge hätte Roque Maspoli nicht errungen, wenn er sich nicht als kleiner Junge gegen seinen Vater durchgesetzt hätte. Vater Maspoli hatte genaue Berufsvorstellungen für seinen Sohn. Maspoli senior war Spielbankcroupier, und das sollte auch Roque werden.

Im Casino von Montevideo, das am südöstlichen Ende der berühmten Uferpromenade »Rambla Naciones Unidas« liegt, hatte Vater Maspoli Roque einen Ausbildungsplatz gesichert. Aber Maspoli junior hatte sich schon während seiner Schulzeit entschieden – er wollte Fußballer werden. Der runde Ball aus Leder sagte ihm weitaus mehr zu als die kleine Kugel aus Elfenbein.

Mit 14 Jahren meldete sich Roque bei dem kleinen Fußballklub Bella Vista an. Sein Vater erfuhr erst vom »Beruf« seines Sohnes, als Roque sich in Montevideo einen Namen gemacht hatte. Als Roque Maspoli sein erstes Spiel für Penarol bestritt, saß auf der Tribüne des Centenario-Stadions von Montevideo ein stolzer Vater. Maspoli senior bewunderte seinen Sohn, der die richtige Wahl getroffen hatte.

Kein Käse aus Holland – Jan Jongbloed

Es ist nicht alles Käse, was aus Holland kommt. Jan Jongbloed war ein guter Torwart. Aufmerksam, konzentriert, mutig. Nur bei der Strafraumbeherrschung hatte er manchmal Probleme.

Immerhin gewann Jan Jongbloed mit der holländischen Nationalmannschaft zweimal die Vizeweltmeisterschaft,

1974 in Deutschland und vier Jahre später in Argentinien. Und mit DWS Amsterdam wurde er einmal holländischer Meister. Schließlich wählte man ihn nach der Saison 1973/74 auch noch zum holländischen »Fußballer des Jahres«.
Bei der Weltmeisterschaft 1978 in Argentinien war Jongbloed mit seinen 38 Jahren der Torwartveteran aller bisherigen FIFA-Turniere. Den jungen Torhütern war er absolut ebenbürtig. An ihm lag es sicherlich nicht, daß die Holländer, wie schon vier Jahre zuvor, erneut den Weltmeistertitel verpaßten.
Im Finale gegen die Argentinier stand Jongbloed allerdings nicht mehr im Tor des »Oranje-Teams«. Bei der 2:3-Niederlage gegen Schottland zog er sich eine Rückenverletzung zu und erlebte deshalb den Rest des Turniers nur als Zuschauer.
Jan Jongbloed, der mit nur 1,79 Meter nicht gerade die ideale Körpergröße für einen Torwart besaß, begann seine fußballerische Laufbahn im Alter von 16 Jahren bei den Amateuren von VVA Amsterdam. 22 Jahre alt, unterzeichnete er seinen ersten Vertrag als Halbprofi bei DWS Amsterdam. Auch bei seinem letzten Verein, Roda Kerkrade, arbeitete Jongbloed nur als Halbprofi. Seine Haupteinnahmequelle war ein Tabakwarenhandel.
Den Höhepunkt seiner Karriere erlebte der holländische Schlußmann während der Weltmeisterschaft 1974 in Deutschland. 55000 Zuschauer im Dortmunder Westfalen-Stadion waren aus dem Häuschen, als Jan Jongbloed im Spiel gegen Brasilien eine glänzende Vorstellung gab. Rivelino, Dirceu und Jairzinho bissen sich an dem holländischen Schlußmann die Zähne aus, ehe Johan Neeskens in der 50. Minute Holland mit 1:0 in Führung brachte. 15 Minuten später stellte Johan Cruyff dann mit dem 2:0 den überraschenden Sieg der Holländer sicher. Jongbloed hatte maßgeblichen Anteil an diesem Erfolg.
Im Finale von München waren die Holländer dann unsere

Gegner. 2:1 haben wir, wie wohl jeder weiß, gewonnen. Johan Cruyff und Co. fühlten sich vor dem Endspiel schon wie der neue Weltmeister. »Die Deutschen kriegen eine Packung«, hatten sie vor dem Finale getönt. Die Holländer waren richtig hochnäsig und überspannt. Das hat mich so geärgert, daß ich mit Jongbloed nach dem Spiel auch nicht das Trikot tauschte, was ich ansonsten immer getan habe.
Ich habe Jongbloed während der WM beoachtet. Er war eine seltsame Erscheinung; sein Stil unorthodox und ohne jede Eleganz. Er hat mich immer an die Torhüter aus der Vorkriegszeit erinnert. Da war vor allem seine Kleidung – dicke Knieschützer und eigenartig hohe Fußballstiefel. Ein richtig altmodischer Typ.
Vier Jahre nach München habe ich ihn in Amsterdam einmal wiedergesehen. Ich war erstaunt, als ich bemerkte, daß Jongbloed nicht älter geworden war, der hat schon immer alt ausgeschaut. Sein Gesicht –: genauso alt wie 1974 bei der WM. Jongbloed gleich »junges Blut«? – irgend etwas konnte da nicht stimmen.

Sicher wie die Bank von England – Gordon Banks

Weltmeisterschaft 1966. Auf der Insel ist man sich sicher – auf eigenem Boden kann nur einer Weltmeister werden, und das ist England. Einer, auf den sich die feste Überzeugung der Engländer stützt, ist der Torwart der Nationalmannschaft: Gordon Banks. »Er ist so sicher wie die Bank von England«, wurde von ihm behauptet.
Die Engländer schienen sich nicht getäuscht zu haben. Banks präsentierte sich in Superform. In den fünf Spielen bis zum Endspiel ließ er nur einen Treffer zu. Portugals Stürmerstar Eusebio bezwang ihn lediglich mit einem Elfmeter.
Dann das Endspiel England gegen Deutschland. Banks hielt

wirklich wie ein Weltmeister. Durch die Tore von Haller und Weber retteten wir uns in die Verlängerung. England gewann am Ende mit 4:2. Das denkwürdige dritte Tor der Engländer durch Geoff Hurst hatte unser Schicksal besiegelt.

Wir waren Vizeweltmeister. Und wenn mich jemand nach dem dritten Tor fragt, muß ich gestehen, daß ich es von der Tribüne aus gar nicht richtig mitbekommen habe. Schnee von gestern...

Ich hatte es jedenfalls wahnsinnig eilig, von meinem Sitzplatz in die Kabinen zu kommen. Ich habe mir mein Trikot mit der Nummer 22 gegriffen – damals, bei meiner ersten WM, war ich Ersatztorwart – und bin rüber in die Kabine der Engländer.

Ich schnappte mir Banks und sagte, ich wolle mit ihm das Trikot tauschen. Normalerweise gibt man sein Endspieltrikot nicht gerne her, aber in seiner Euphorie hat Gordon mir seinen gelben Torwartpullover ohne Probleme überlassen.

Wenig später tauchte auch Hans Tilkowski, der im Finale das deutsche Tor gehütet hatte, bei Banks auf und wollte ebenfalls dessen Trikot haben. Doch er kam leider zu spät. Ich habe natürlich meinen Mund gehalten, sonst hätte »Til« mir mein Souvenir noch abgenommen.

Leider besitze ich dieses schöne Erinnerungsstück nicht mehr. Ich Depp hab's hergeschenkt.

Gordon Banks traf ich im Jahre 1970 wieder. Bei der Weltmeisterschaft in Mexiko war er allerdings vom Pech verfolgt. Im Spiel gegen die ČSSR hatte er sich so schwer verletzt, daß er beim Viertelfinale zuschauen mußte. Wieder standen sich England und Deutschland gegenüber. In jenem unglaublichen Fußballkrimi glückte uns die Revanche für Wembley.

Die Engländer, bei denen Peter Bonetti im Tor stand, führten damals in Leon bereits mit 2:0. Doch nach 120 dramatischen Minuten hatten wir mit 3:2 die Nase vorn. Die

Engländer behaupteten später, mit Gordon Banks im Tor hätten sie das Spiel nicht verloren.
Gordon Banks war wohl der beste Torwart, den England je gehabt hat. Ruhig und sachlich, hervorragendes Stellungsspiel und reaktionsschnell. Dazu kam noch eine außergewöhnliche Nervenstärke.
Banks, der bereits mit 17 Jahren einen Profivertrag bei Chesterfield erhielt, mußte sich seine Erfolge schwer erarbeiten. Verletzungen warfen ihn immer wieder zurück. So brach er sich schon am Anfang seiner Karriere den rechten Arm. Der Arm konnte nur mit einer Schraube begradigt werden, die meines Wissens noch heute in seinem Arm sitzt.
Wenig später mußte er sich einer komplizierten Knieoperation unterziehen. Banks überwand diese Rückschläge alle. Auch den 1962 bei der Weltmeisterschaft in Chile. Banks gehörte zum Kader der englischen Nationalmannschaft und hatte sich Hoffnungen auf einen Stammplatz gemacht, doch Teammanager Walter Winterbottom zog Ron Springett von Sheffield Wednesday vor.
Nach dieser WM übernahm dann Alf Ramsey das Kommando im englischen Team. Er mistete die Mannschaft, die in Chile versagt hatte, kräftig aus. Die Nachfolge von Springett im Tor trat Gordon Banks an. Am 6. April 1963 erlebte er seine internationale Feuertaufe. Banks hatte offenbar Lampenfieber. Und so verlor England im Londoner Wembley-Stadion das Duell mit dem Erzrivalen Schottland mit 1:2.
Auch sein letztes Länderspiel bestritt Banks gegen die Schotten. England gewann in Glasgow mit 1:0. Das war am 27. Mai 1972. Er hatte 73 Länderspiele hinter sich. Absoluter englischer Torwartrekord.
Gordon Banks konnte noch eine weitere »Bestleistung« für sich in Anspruch nehmen. Für eine Ablösesumme von 50000 Pfund – das waren damals rund 500000 Mark –

wechselte er 1967 von Leicester zu Stoke City. Einen solchen Betrag hatte bis dahin noch kein Verein für einen Torhüter bezahlt.
Im Sommer desselben Jahres flog Banks mit seinem neuen Klub in die USA. Während der Sommerpause in England nahm Stoke City unter dem Namen Cleveland Stokers an der nordamerikanischen Meisterschaft teil.
Sechs Jahre später tauchte Gordon Banks erneut in der amerikanischen »Operettenliga« auf. Diesmal solo.
1973 hatte er einen schweren Autounfall. Er erblindete auf einem Auge. Seine Karriere war beendet. Zunächst versuchte er sich in England als Trainer. Dann ließ er sich von den verlockenden Dollar-Angeboten aus den USA noch einmal zu einem Comeback im Tor überreden.
In England hielt Banks ohnehin nichts mehr. Er hatte sich von seiner deutschen Frau, die er während seiner Militärzeit in der Nähe von Braunschweig kennengelernt hatte, getrennt. Mit seiner neuen Freundin ging er dann in die USA.
Mit 37 Jahren stand er noch einmal im Tor der Fort Lauderdale Strikers in Florida. Das ist der Verein, bei dem auch Gerd Müller seine fußballerische Laufbahn ausklingen ließ.
Gerd Müller ist drüben ein gemachter Mann. Und immer noch populär. Florida-Urlauber aus Deutschland besuchen sein Steak-Restaurant in Fort Lauderdale in Scharen. Von Gordon Banks dagegen spricht niemand mehr.

Späte Genugtuung – Ivo Viktor

An Ivo Viktor erinnere ich mich noch gut. Allerdings in einem traurigen Zusammenhang. Er stand 1976 im Tor der ČSSR-Mannschaft, die uns den Europameistertitel abnahm.

Deutschland gegen die ČSSR hieß das Finale am 20. Juni 1976 in Belgrad. Wir waren Titelverteidiger. Die ČSSR ging mit 2:0 in Führung. Eine Sensation bahnte sich an. Dann verkürzte Dieter Müller auf 1:2.
Bis 20 Sekunden vor Spielende blieb es bei diesem Ergebnis. Dann kam unsere letzte Chance zum Ausgleich. Rainer Bonhof hob einen Flankenball in den ČSSR-Strafraum. 18 Köpfe streckten sich nach dem Ball. Viktor versuchte, das Leder zu erwischen. Vergeblich. Von Bernd Hölzenbeins Hinterkopf rutschte der Ball ins Netz. 2:2. Ein Elfmeterschießen mußte die Entscheidung bringen.
Bonhof, Heinz Flohe und Hannes Bongartz trafen. Auch Masny, Nehoda und Ondrus. Es stand jetzt 5:5. Moder erzielte das 6:5 für die ČSSR. Als nächster war Uli Hoeneß an der Reihe. Er sollte den Ausgleich schaffen. Aber Uli donnerte den Ball in die Wolken. Und versank danach vor Enttäuschung in den Boden. Panenka ließ mir im letzten Durchgang keine Chance. Das Spiel war zu Ende, die ČSSR Europameister.
Viktor wurde gefeiert. Ihm hatten die meist aus Prag stammenden Spieler ihren Fußballfrühling zu verdanken, nachdem der Ruhm von der Weltmeisterschaft 1962 schon verblaßt war. Und die Journalisten wählten Ivo Viktor zum fünftenmal zum »ČSSR-Spieler des Jahres«.
Viktor hatte den Höhepunkt seiner Laufbahn erlebt. Mit 34 Jahren. Und mit diesem Triumph von Belgrad beendete er sie. Spieler, Trainer und Funktionäre wollten ihn zum Weitermachen überreden. Doch Viktor blieb hart. Nach 65 Länderspielen verschaffte er sich einen würdigen Abgang als Europameister.
Zu Beginn seiner Fußballerlaufbahn hatte er von diesem Titel nicht mal zu träumen gewagt. Als er sich nämlich bei seinem Heimatklub in Bernberg anmeldete, wurde er ausgelacht. »Was, du willst Torwart werden«, sagten sie zu ihm. »Mit deinen 1,77 Meter bist du doch viel zu klein.«

Mit 18 Jahren landete Ivo Viktor beim Zweitligaklub Prosnitz. Auch hier wurden seine Torwartfähigkeiten nicht sonderlich geschätzt.
Nach einem einjährigen Gastspiel in Prosnitz wechselte der kleine Torwart 1961 zu Spartak Brünn. Wenig später endete dann seine Wanderschaft in der tschechoslowakischen Hauptstadt. Dukla Prag suchte einen Ersatztorwart. Viktor bot sich an und wurde genommen. Zwei Jahre mußte er die Reservebank drücken, bis ihm 1965 der große Durchbruch gelang.
Zwölf Jahre lang zählte Ivo Viktor zu den besten Torhütern in Europa. Er hatte großen Anteil an den Erfolgen von Dukla Prag. Auch für die Nationalmannschaft war der fangsichere und reaktionsschnelle Viktor ein Rückhalt.
Seine Feuertaufe erlebte er im Maracana-Stadion in Rio de Janeiro. An das 1:2 gegen Brasilien am 12. Juni 1966 erinnerte sich Ivo Viktor immer wieder gerne zurück. Auch wenn sein Debüt mit einer Niederlage nicht gerade glücklich verlief.

Triumph in Córdoba – Friedl Koncilia

Friedl Koncilia ist zwar schon 36 und ein bißchen rund um die Hüften, aber immer noch ein erstklassiger Torwart. Daß die Wiener Austria 1984 österreichischer Meister wurde, hat sie auch ihrem Torwart zu verdanken.
Der kompakte Friedl zeichnete sich in der letzten Saison durch Zuverlässigkeit, Reaktionsschnelligkeit und viel Mut aus. Tugenden, die er immer schon gehabt hat. Auch seine Schwäche hat er nicht abgelegt. Der temperamentvolle Kärntner verlor oft seine Beherrschung. Vor allem die Schiedsrichter können ein Lied davon singen. Mit ihnen hat sich Koncilia immer gerne angelegt.
Mit 36 Jahren steht Friedl Koncilia also immer noch im Tor.

Bei der Austria in Wien und in der österreichischen Nationalmannschaft. Wann er mal einem anderen seinen Platz abtreten wird, ist noch nicht abzusehen. Friedl hat noch keine große Lust, in Pension zu gehen. Ich glaube fast, daß er auch noch bei der Weltmeisterschaft 1986 in Mexiko dabeisein wird. Dann wäre er 38.
Aber zunächst müssen sich die Österreicher ja noch für die WM qualifizieren. Daß sie damals das WM-Turnier 1978 in Argentinien erreichten und dort dann so hervorragend abschnitten, hatten sie Friedl Koncilia zu verdanken. Er hat damals wirklich exzellent gehalten.
In Córdoba feierte das österreichische Wunderteam von einst eine glanzvolle Auferstehung. 15000 Kilometer von der Heimat entfernt lehrte das kleine Fußballand den »Großen« das Fürchten.
Ich weiß noch genau, was vor unserem Duell gegen Österreich los war. Wir, der unbesiegte und noch amtierende Weltmeister, benötigten nur ein Unentschieden, um in die Runde der letzten Vier zu kommen. Bei den Österreichern ging es lediglich ums Prestige.
Wir waren unserer Sache mehr als sicher. Was wollten die Österreicher überhaupt? 47 Jahre lang hatten sie gegen uns nicht gewonnen. Und jetzt sollte es auf einmal klappen?
In der Heimat lachte man über die frechen Kommentare unseres Gegners. Die Österreicher würden schon eine Pakkung bekommen, glaubte man. Die »Bild«-Zeitung sprach vom »österreichischen Schlachtopfer« und sagte einen deutschen Sieg mit fünf bis sechs Toren Unterschied voraus.
Ein besseres Doping konnten die Österreicher gar nicht bekommen. Unsere Überheblichkeit machte sie richtig heiß.
Das Ergebnis mit allen Einzelheiten ist bekannt. 3:2 haben uns die Österreicher geschlagen. Bekannt ist, wie Österreichs Reporter Edi Finger ausflippte. Bekannt ist auch, wie der zweifache Torschütze Hans Krankl nach dem Triumph

sarkastisch meinte, die Deutschen seien noch glimpflich davongekommen, weil er an diesem Tag nicht so richtig in Form gewesen sei.
Und bekannt ist auch, daß Friedl Koncilia in diesem denkwürdigen Spiel eine tolle Leistung zeigte. Ich vergesse nie, wie er in den letzten Sekunden Karl-Heinz Rummenigge den Ball vom Fuß fischte.
Schon im Alter von 18 Jahren, als er bei Austria Klagenfurt im Tor stand, machte Friedl Koncilia in Österreich von sich reden. Zwei Jahre blieb er in Kärnten, dann wechselte er über WSG Wattens zu Wacker Innsbruck. Dreimal holten sich die Tiroler gegen die übermächtige Konkurrenz aus Wien die österreichische Fußballmeisterschaft.
Mit 23 Jahren bestand Friedl Koncilia sein Debüt in der Nationalmannschaft gegen Ungarn in Budapest. Seitdem ist er aus dem Nationalteam von Österreich nicht mehr wegzudenken.
Mit mittlerweile 77 Länderspielen hat er den bisherigen Rekordhalter Walter Zeman weit übertroffen.
Es sollte mich nicht wundern, wenn Friedl Koncilia auch noch meine 95 Länderspiele übertrumpft.

Nur Fliegen ist schöner

»Der gute Torwart ist selten am Boden und steht meistens dort, wo der Ball hinkommt.« Dettmar Cramer hat diesen Satz geschrieben. Ich kann nur zustimmen. Der spektakuläre Flug zwischen den Pfosten oder der waghalsige Hechtsprung ist in vielen Fällen nicht Merkmal eines guten Torwarts, sondern Zeichen taktischen Unvermögens.
Gutes Stellungsspiel macht einen Klassetorwart aus. Dennoch gab es und gibt es heute noch Torhüter, die in ihrem Repertoire nicht auf die artistischen Flugkünste verzichten wollen. »Nur Fliegen ist schöner« – nach diesem Motto begeistern sie die Zuschauer, riskieren aber gleichzeitig ihre Gesundheit. Nicht selten nämlich hat so mancher »fliegende« Torwart eine Bruchlandung gebaut. Das Verletzungsrisiko bei Sprüngen und Flügen ist sehr hoch.

Nur einmal 3:8 – František Planicka

František Planicka zählte zu jenen Helden, die mit Vorliebe durch die Luft segeln. Dabei ging er einmal böse zu Boden. In seinem letzten internationalen Spiel mußte der berühmte tschechoslowakische Torwart aus Prag für seinen Mut und seine Waghalsigkeit teuer bezahlen.
Weltmeisterschaft 1938 in Frankreich. Die ČSSR, die vor vier Jahren in Italien Vizeweltmeister geworden war, zählte zu den Favoriten. Nach einem mühelosen 3:0 gegen Holland war Brasilien der nächste Gegner. Wahre Wunderdinge hatte man von den exotischen Ballartisten gehört, daher wollte die ČSSR das Spiel vorsichtig beginnen.

Doch von der ersten Minute an entwickelte sich ein verbissener Kampf, ein offener Schlagabtausch. Leonidas schoß Brasilien mit 1:0 in Führung. Nejedly glich nach der Pause zum 1:1 aus. Die ČSSR setzte alles auf eine Karte, war drückend überlegen, scheiterte jedoch immer wieder am brasilianischen Schlußmann Walther.
Die Brasilianer ließen ihren Gegner kommen. Sie lauerten auf Konterchancen. Fünf Minuten vor dem Abpfiff passierte es. Ein Fehlpaß der Tschechoslowaken, Hercules erlief sich den Ball und spielte den freistehenden Peracio an. Der rannte dann mutterseeelenallein auf Planickas Tor zu.
Der ČSSR-Torwart stürzte dem Stürmer entgegen. In dem Augenblick, als Peracio schießen wollte, machte Planicka einen Riesensatz nach vorne und warf sich auf den Brasilianer. Beide prallten in vollem Lauf zusammen und gingen zu Boden. Im Stadion wurde es plötzlich ganz still.
Nach wenigen Augenblicken waren Planicka und Peracio wieder auf den Beinen. Das Spiel ging weiter. Noch drei Minuten bis zum Schlußpfiff. »Ich hatte höllische Schmerzen im linken Arm und konnte ihn überhaupt nicht mehr bewegen«, erinnerte sich Planicka später an das folgenschwere Unglück.
Dann waren die 90 Minuten vorbei, doch nicht das Spiel. Es stand immer noch 1:1, zweimal 15 Minuten Verlängerung. Planickas Arm war stark angeschwollen. Die letzten 30 Minuten konnte er ihn nicht mehr »einsetzen«. Zum Glück waren die Brasilianer mit ihrer Kraft am Ende und stellten den gegnerischen Torwart kaum noch auf die Probe.
Es blieb beim 1:1. Nach dem Spiel wurde Planicka ins Krankenhaus gebracht und geröntgt. Er hatte sich bei dem Zusammenprall mit dem brasilianischen Stürmer den Arm gebrochen.
Für ihn war die WM beendet. Ohne ihn verlor die ČSSR das Wiederholungsspiel gegen Brasilien mit 1:2. Doch trotz dieser schweren Verletzung dachte František nicht ans Auf-

hören. Bis September 1938 stand er noch im Tor von Slavia Prag. Mit 34 Jahren machte er dann Schluß.
František Planicka, der am 2. Juni 1904 im Prager Vorort Zizkov geboren wurde, hatte nicht zuletzt mit seinen mutigen und oft halsbrecherischen Flugparaden die Massen in ganz Europa begeistert. Bei der WM 1934 in Italien, bei der die ČSSR erst im Endspiel dem Gastgeberland unterlag, war der gelernte Schlosser der Liebling der »Tifosi«. »Planicka, der Wundertorwart«, schrieb eine römische Zeitung nach dem 3:1-Sieg der ČSSR gegen Deutschland, nachdem die Tschechoslowaken ins Endspiel einzogen. Dort behielt dann Italien nach einem kämpferischen, ja überharten Spiel mit 2:1 die Oberhand.
12 Jahre lang stand Planicka im Tor der Nationalelf, 75 Länderspiele für die ČSSR. Für Slavia Prag, seinen Heimatverein, hütete er 16 Jahre lang das Tor. 969 Spiele absolvierte er. Über seine Einsätze führte Planicka genau Buch. In seiner Laufbahn mußte er insgesamt 1267mal hinter sich greifen. Das entspricht einem Durchschnitt von nicht einmal einem Tor pro Spiel.
Kassierte Planicka in einem Spiel zwei oder sogar mehr Tore, galt das bereits als Sensation. Und diese Sensation blieb natürlich nicht aus. Im September 1937 verlor die ČSSR mit Planicka im Tor gegen Ungarn in Bundapest mit 3:8 Toren. »Es stimmt, ich bekam damals acht Tore. Und eines war schöner als das andere«, sagte der Torwart später über diese »schwarze Stunde«.

Acht Tore habe *ich* nie kassiert. Meine höchste Niederlage mit dem FC Bayern war jenes denkwürdige 1:7 bei Fortuna Düsseldorf. Im Verein ging es damals drunter und drüber. Im Dezember 1978 machte sich der ungeliebte Trainer Gyula Lorant über Nacht aus dem Staub. Pal Csernai wurde sein Nachfolger. Franz Beckenbauer war längst in New York und Gerd Müller gerade nach Florida abgewandert. Von der

berühmten Bayernachse waren nur noch der »Katsche« Schwarzenbeck und ich übriggeblieben.
Dann kam – Anfang 1979 – das 1:7 in Düsseldorf. Präsident Neudecker warf den Spielern Arbeitsverweigerung und dem Trainer mangelnde Autorität vor. Er wollte Csernai feuern. Ich war damals Kapitän und erreichte beim Präsidenten eine Bewährungsfrist für uns und den Trainer.
Beim 0:0 in Braunschweig holten wir dann einen Punkt. Wir hatten uns gefangen. Doch Neudecker ließ in München die Bombe platzen. Er hatte bereits Max Merkel als neuen Cheftrainer verpflichtet – über unsere Köpfe hinweg. Wir wehrten uns gegen diese eigenmächtige Entscheidung. »Revolution bei Bayern«, hießen damals die Schlagzeilen in den Zeitungen. Die Folge unseres Aufstands: Neudecker trat zurück, Csernai blieb Trainer.
Als weitaus schlimmer als das Debakel von Düsseldorf, das mir den Namen »Sieben-Tore-Maier« einbrachte, habe ich die 0:4-Niederlage im Europapokal bei Ajax Amsterdam empfunden. Am Abend nach dem Spiel am 7. März 1973 war ich völlig entnervt. Ich ging nicht zum Abendessen, warf meine ganzen Torwartklamotten aus dem Hotelfenster und bat die Presse zu einem Privatgespräch. »Wenn ich nur einen gescheiten Beruf gelernt hätte mit 3000 Mark im Monat, dann würde ich auf der Stelle mit dem Fußball Schluß machen«, habe ich damals gesagt. Ich wollte wirklich aufhören, so enttäuscht war ich. Ein Sepp Maier hätte drei, wenn nicht sogar alle vier Tore halten müssen.
Wenige Tage später bot mir ein Möbelhändler einen Job für 3000 Mark an. Doch mein Ärger war mittlerweile schon verflogen. Ich spielte weiter Fußball.

Odyssee mit Happy-End – Gyula Grosics

Er bekam zwar nie die Chance, sieben- oder sogar achtmal wie František Planicka den Ball aus dem Netz zu holen, doch Gyula Grosics mußte in seiner Karriere auch manch bittere Niederlage, und das bei weniger Gegentoren, wegstecken. Die größte Enttäuschung erlebte der Weltklassetorwart aus Ungarn bei der Weltmeisterschaft 1954 in der Schweiz.

Anfang der fünfziger Jahre galt die ungarische Nationalmannschaft als stärkste der Welt. Von den 47 Länderspielen, die die Ungarn zwischen 1951 und 1955 austrugen, verloren sie nur eines. Ausgerechnet das wichtigste, das WM-Endspiel am 4. Juli 1954. Die Ungarn galten im Berner Wankdorf-Stadion als haushohe Favoriten. Bereits in der Vorrunde hatten sie den Finalgegner, die Mannschaft aus Deutschland, mit 8:3 besiegt.

Das Endspiel in Bern endete mit dem sensationellen 3:2-Sieg Deutschlands. »Wir haben für unsere Selbstgefälligkeit und Überheblichkeit bezahlen müssen«, gab Grosics später als Erklärung für die Niederlage an. Unbegreiflich blieb ihm allerdings, wie der Siegestreffer von Helmut Rahn an ihm vorbeirutschen konnte.

Nach der Berner Blamage kamen auf Gyula Grosics schlimme Zeiten zu. Als er aus der Schweiz zurückkehrte, wurde er völlig zu Unrecht des Hochverrats bezichtigt. Der Verband untersagte ihm das Fußballspielen, selbst der Zutritt in die Fußballstadien war ihm verboten. Es dauerte ein gutes Jahr, bis die Unschuld von Grosics erwiesen war.

Zu seinem Verein Honved Budapest konnte Grosics nicht mehr zurück. Der Armeeklub sah nicht gerne einen Beschuldigten in seinen Reihen, auch wenn er rehabilitiert war. Groscis heuerte bei Tatabanya an.

Doch er, seine Frau und seine beiden Töchter kamen nicht zur Ruhe. Nach dem Aufstand im Oktober 1956 flüchtete

die Familie nach Wien. Zur selben Zeit war die Mannschaft von Honved auf einer Spanientournee. Grosics wohnte gerade eine Woche in einem Wiener Hotel, als er ein Telegramm aus Barcelona erhielt.
Honved bat seinen ehemaligen Torwart, nach Spanien zu kommen, da sich Schlußmann Fargo verletzt hatte. Grosics folgte der Einladung und flog nach Spanien, wo sich Honved auf eine Südamerikareise vorbereitete. Der ungarische Fußballverband hatte die Tournee verboten, doch Honved absolvierte trotz des Verbots einige Spiele in Brasilien und Venezuela.
Grosics erhielt Angebote von Flamengo und Fluminense, den beiden Spitzenklubs von Rio de Janeiro. Doch die Bindungen an die Heimat waren stärker. Im Juli 1957 bekamen er und seine Familie vom ungarischen Konsulat in Wien die Erlaubnis, nach Budapest zurückzukehren. Grosics' Odyssee war zu Ende.
In Dorog, 130 Kilometer nordwestlich der Hauptstadt, hatte die Karriere von Gyula Grosics begonnen. Fußball war sein Leben, doch seine Eltern waren damit ganz und gar nicht einverstanden. Gyula war musisch sehr begabt, und so steckte ihn sein Vater in eine Musikschule, wo er Geigenunterricht erhielt. Seine Mutter hatte ihn gar zum Priester machen wollen, doch der Fußball setzte sich durch.
Beim AC Dorog, einem Zweitligaklub, verdiente sich Grosics seine ersten Sporen. Nach dem Krieg – Gyula war zur deutschen Wehrmacht eingezogen und in Salzburg militärisch ausgebildet worden – kehrte er nach Dorog zurück. Die Mannschaft aus der Bergarbeiterstadt war mittlerweile erstklassig. Und Grosics bald die Nummer eins in Ungarn. Im August 1947 hütete er zum erstenmal das Tor der Magyaren. Ungarn besiegte damals Wales mit 2:0.
Nach Dorogs Abstieg in die zweite Liga wechselte Grosics zu Mateosz Budapest. 1950 schloß er sich dann Honved Budapest an. Die vier ruhmreichen Jahre der ungarischen

Nationalmannschaft begannen. Die Ungarn verblüfften die Fußballwelt nicht so sehr mit ihren Erfolgen, sondern mehr mit ihrem eleganten Stil und ihren neuen technischen und taktischen Eigenheiten. Spieler wie Puskas, Kocsis, Hidegkuti oder Grosics revolutionierten mit ihren Spielideen die Entwicklung des Fußballs.
Gyula Grosics agierte elegant und ruhig. Aber er explodierte auch, auf der Torlinie und im Strafraum, wenn es die Situation erforderte. Wie eine Katze hechtete er in die Ecken. Flugparaden waren eine seiner großen Stärken. In England nannte man ihn den »schwarzen Panther«.
Auf der britischen Insel hat man keine guten Erinnerungen an Grosics und Co. Am 23. November 1953 war den Ungarn gelungen, was in 90 Jahren zuvor keine fremde Mannschaft geschafft hatte. Sie hatten England im Londoner Wembley-Stadion mit 6:3 besiegt. Für die Engländer kam es aber noch schlimmer. Fünf Monate nach Wembley wurden sie in Budapest von den Ungarn mit 7:1 deklassiert.
Der Siegeszug der Magyaren, die 1952 mit Grosics im Tor Olympiasieger geworden waren, war unaufhaltsam. Erst das deutsche »Wunder von Bern« am 4. Juli 1954 beendete ihn.

Ballett auf der Torlinie – Vladimir Beara

Als die Ungarn in Helsinki die olympische Goldmedaille gewannen, stand im Tor der unterlegenen Jugoslawen ein Mann, der wie Grosics zu den Besten seines Faches zählte: Vladimir Beara. Seine Raumbeherrschung, mehr noch seine ungewöhnliche Geschmeidigkeit haben den sechzigfachen Nationaltorwart zu einer schillernden Figur werden lassen. Bearas spektakuläre Sprünge und Flüge bestachen durch außergewöhnliche Eleganz; sie waren eine Augenweide.
In der Jugend hatte Vladimir Beara die Grundlage für die

1

1 Ricardo Zamora (1901–1978). Er wurde »el divino«, der Göttliche, genannt. Zamora spielte 46mal für Spanien.

2 Frank Swift (1915–1958). »Big Swifty« wurde mit Manchester City 1934 Englischer Cupsieger und 1937 Meister.

3 Sergio Livingstone-Pohlhammer (geb. 1921). »El sapo« wird nach 75 Länderspielen für Chile von seinen Mannschaftskameraden verabschiedet.

4 José Angel Iribar (geb. 1943). Der »sanfte Rebell« spielte 49mal für Spanien und wurde 1964 Europameister.
5 Rudi Hiden (1909–1973). Der Torwart des österreichischen »Wunderteams« stand 20mal für Österreich und dreimal für Frankreich (!) im Tor.

6

6 Erwin Ballabio (geb. 1918). Ballabio absolvierte 27 Länderspiele für die Schweiz. Er arbeitete später als Trainer.

7 Gordon Banks (geb. 1937). Banks stand 73mal für England im Tor der Nationalelf und wurde 1966 Weltmeister.

8 Antonio Carbajal (geb. 1929). Der fünffache WM-Teilnehmer (86 Länderspiele für Mexiko) besucht 1970 bei der WM die deutsche Mannschaft in ihrem Quartier in Leon.

8

7

9 Roque Maspoli (geb. 1917). Der »Held von Rio« spielte 44mal für Uruguay und gewann 1950 mit seiner Mannschaft den Weltmeistertitel.
10 Amadeo Raul Carrizo (geb. 1926). Carrizo (in der Mitte) gewann mit River Plate Buenos Aires sechsmal die Argentinische Meisterschaft.

charakteristischen Merkmale seines Spiels gelegt. Sein Tag folgte einem festen Stundenplan. Tagsüber absolvierte er in seiner Heimatstadt Split eine Lehre als Automechaniker. Nach Feierabend ging er für zwei Stunden auf den Fußballplatz und am Abend ins Theater. Dort hatte es ihm besonders das Ballett angetan. Wenn eben möglich, sah er bei den Proben und Aufführungen zu.

Beara war begeistert von »pas de deux« und Spitzentanz. Bald hatte er sich mit verschiedenen Tänzern angefreundet. Sie vermittelten ihm eine Grundausbildung in einer Ballettschule. Hier erlernte Vladimir jene Eigenschaften, die ihn später auf der Torlinie auszeichneten: Elastizität, Gewandtheit und Sprungkraft. Eigenschaften, die ihm auch seinen Spitznamen einbrachten: Fliegende Ballerina, Balletteuse mit der Stahlfaust oder Balletttänzer auf der Torlinie.

In Split hatte man die Stärken von Vladimir Beara schnell erkannt. Bereits mit 18 Jahren stand er zum erstenmal im Tor der ersten Mannschaft von Hajduk. Dreimal – zwischen 1950 und 1955 – gewann der Klub die Landesmeisterschaft. Nach dem dritten Titelgewinn kehrte Beara, inzwischen schon Nationalspieler, Split den Rücken und wechselte zu Roter Stern Belgrad.

Die Fußballfans hatten kein Verständnis für diesen Wechsel. Ihr ganzer Zorn richtete sich gegen die Vereinsführung von Hajduk. Klubmitglieder zerrissen ihre Ausweise, traten aus dem Verein aus. Besonders verärgerte Fanatiker steckten das Vereinsheim in Brand.

In Split schwor man Rache. Fünf Monate nach Bearas Wechsel in die Hauptstadt mußte Roter Stern bei Hajduk antreten. Die Stadt war so in Aufruhr, daß das Schlimmste zu befürchten stand. Doch Roter Stern kam ohne Beara nach Split – und gewann mit 3:0.

Mit Roter Stern wurde Beara viermal jugoslawischer Meister und dreimal Pokalsieger. In der Nationalelf hatte er weniger Erfolg: Bei den Olympischen Spielen 1952 in Helsinki reich-

te es nur zur Silbermedaille, und bei den Weltmeisterschaften 1954 in der Schweiz und 1958 in Schweden scheiterte Jugoslawien zweimal an Deutschland. In Genf 0:2 und vier Jahre später in Malmö 0:1. Am 14. September 1959 bestritt Beara das letzte seiner 60 Länderspiele. Im Wiener Prater-Stadion besiegten die Jugoslawen Österreich mit 4:3.
Zwei Jahre später trat Vladimir Beara eine Irrfahrt an, die in einer menschlichen Tragödie endete. 1960 ging er nach Deutschland, wo er sich das große Geld erhoffte. Alemannia Aachen wurde sein neuer Verein. Drei Jahre später wechselte er zu Viktoria Köln. Doch Beara war längst nicht mehr der Weltklassetorwart früherer Tage. Nach 18 Monaten warf er das Handtuch.
Schwere Verletzungen hatten den Jugoslawen zur Aufgabe gezwungen. Schulterverletzung aus einer Begegnung in Oberhausen, Gehirnerschütterung und Schädeloperation nach einem Spiel in Schalke, komplizierter Beinbruch im Dortmunder Stadion Rote Erde. Für Beara war die Flucht in den Westen zu einem Abenteuer mit schrecklichem Ende geworden.
In Köln erwarb er die deutsche Trainerlizenz, doch seine Arbeit beim FC Freiburg und beim holländischen Verein Sittardia Sittart blieb ohne Erfolg. 1971 kehrte Vladimir Beara nach Split zurück.

Schicksal eines Gastarbeiters – Enver Maric

Eng mit Deutschland verbunden ist auch das Schicksal von Bearas jugoslawischem Landsmann Enver Maric. Der fliegende Mensch aus Mostar – Maric liebte Schauparaden – ist mir noch in bester Erinnerung.
9. Mai 1973. In München regnete es in Strömen. Dennoch waren 45 000 Zuschauer ins Olympia-Stadion gekommen, um Deutschland gegen Jugoslawien gewinnen zu sehen.

Über eine Stunde lang ging die Partie hin und her, ohne daß ein Tor fiel. Dem jugoslawischen Mittelstürmer Dusan Bajevic, mit dem unser Schwarzenbeck erhebliche Mühe hatte, gelang dann der Siegtreffer für seine Mannschaft. In der 77. Minute ließ er mir mit einem plaziert geschossenen Handelfmeter keine Abwehrchance.

Der beste Mann auf dem Platz war ohne Zweifel mein jugoslawischer Torwartkollege. Enver Maric hielt einfach alles. Sieben Minuten nach dem 1:0 von Bajevic meisterte er einen Elfmeter von Gerd Müller, der allerdings auch schwach geschossen hatte.

Ein gutes Jahr später – am 26. Juni 1974 – sah ich Maric wieder. Deutschland und Jugoslawien standen sich im ersten Viertelfinalspiel der Weltmeisterschaft gegenüber. Wir hatten gerade die Pleite von Hamburg, das 0:1 gegen die DDR, hinter uns. Unser Ehrgeiz war riesig, und wir spielten entfesselt. Mit einem 0:2 verließ Jugoslawien das Düsseldorfer Rheinstadion.

Maric hatte in diesem Spiel wieder glänzend gehalten, doch hatte er die Niederlage nicht verhindern können. Auf jeden Fall hatte der damals 26jährige seine Position im Nationalteam gefestigt. Nach der WM in Deutschland mußte Enver zum Militär. Sein Platz im Tor der jugoslawischen Nationalmannschaft nahm Olja Petrovic von Roter Stern Belgrad ein.

Doch schon 1976, kurz nach seiner Entlassung aus der Armee, war Maric wieder die Nummer eins. Das Rückspiel im Europameisterschafts-Viertelfinale gegen Wales stand auf dem Programm. Eine äußerst wichtige Begegnung, da Jugoslawien mit der Qualifikation für das Halbfinale auch die Ausrichtung der EM-Endrunde zufallen würde.

Das Hinspiel hatten die Jugoslawen mit 2:0 gewonnen. Sicher waren sie sich jedoch nicht, denn die Walliser galten als sehr heimstark. Am Ende hieß es in Cardiff 1:1, und Maric hatte entscheidenden Anteil am Unentschieden. Sechs

Minuten vor dem Schlußpfiff parierte er einen Elfmeter des Waliser Kapitäns Yorath.
In Cardiff wurden auch die Weichen für Marics Zukunft gestellt. Branko Oblak, der nach der WM 1974 zu Schalke 04 gewechselt war, hatte schon seit längerem dem Präsidenten Günter Siebert seinen jugoslawischen Landsmann ans Herz gelegt. Siebert beobachtete den Torwart in Cardiff und war so beeindruckt, daß er wenige Tage später nach Jugoslawien flog und Maric verpflichtete. Ablöse: 650000 Mark.
Von Anbeginn an fühlte sich Enver Maric in Deutschland nicht sonderlich wohl. Die Mentalität der Menschen im Ruhrgebiet behagte ihm nicht, in der Mannschaft hatte er Anpassungsschwierigkeiten. Als Nachfolger des beliebten Norbert Nigbur hatte er es ohnehin schwer genug, sich in die Herzen der Fans zu spielen.
Vereinsinterne Querelen bei Schalke taten ein übriges, um den Gast zu verunsichern. In der Meisterschaft 1976/77 landete Schalke zwar auf dem zweiten Platz, doch Marics Unbehagen blieb. Es kam zu Differenzen mit Trainer Friedel Rausch und dem neuen Präsidenten Dr. Hütsch. Sie hatten – ohne den Jugoslawen davon zu informieren – mit Volkmar Groß einen zweiten Klassetorwart engagiert. Maric trug's mit Fassung und arrangierte sich mit Groß. Beide teilten sich in der Saison 1977/78 das Geschäft – Groß stand 18mal im Tor, Maric 16mal.
Der Jugoslawe hatte sich eine Spielzeit lang dem Duell mit Groß gestellt. Noch ein zweites Jahr wollte er diesen Kampf nicht mitmachen. Es zog ihn zurück in seine Heimat. Siebert, der nach einer Palastrevolution wieder Präsident geworden war, und der neue Trainer Ivica Horvat aus Jugoslawien, konnten ihn nicht umstimmen. Im Juli 1978 kehrte Maric nach Mostar zurück.

Die Katze – Emerson Leao

In Brasilien, seiner Heimat, nannten sie ihn »el tigre«. Emerson Leao wirkte in der Tat wie ein Tiger. Ich habe ihn bei dem Eröffnungsspiel der Fußball-Weltmeisterschaft 1974 gesehen. Seine Paraden im Spiel gegen Jugoslawien in Frankfurt waren schon Extraklasse. Wie eine Katze hechtete er nach den Bällen. Leaos Sprungkraft war enorm. Leider übertrieb er die »Fliegerei« ein wenig.

Aber die Südamerikaner lieben ja die Show. Emerson Leao bildete da keine Ausnahme und hatte Erfolg mit seinem Spiel.

Besonders während der Weltmeisterschaft 1978 in Brasilien. Da wurde Leao zusammen mit dem Argentinier Fillol zum besten Torhüter des Turniers gewählt.

Mit Recht. Mit Leao im Tor blieben die Brasilianer in allen sieben Spielen als einziges Team unbesiegt. Das Torverhältnis lautete 10:3. Es sprach für den Torwart. Und doch reichte es für Brasilien nur zum dritten Platz.

Das Spiel seines Lebens bot Emerson Leao gegen den späteren Weltmeister Argentinien. Mario Kempes und seine Stürmerkollegen verzweifelten an den Glanzparaden des brasilianischen Schlußmannes.

Bereits mit 21 Jahren nahm Leao an seiner ersten Weltmeisterschaft teil. 1970 in Mexiko stand er allerdings im Schatten von Felix und mußte mit der Ersatzbank vorliebnehmen. Auch zwei Jahre später bei der Mini-Weltmeisterschaft in Brasilien konnte er Felix nicht verdrängen. Erst bei der WM 1974 in Deutschland war er die Nummer eins im Tor der Brasilianer, für die er dann in den folgenden Jahren insgesamt 67 Länderspiele bestritt.

Emerson Leao wuchs in einem kleinen Ort im Staat Sao Paulo auf. Seine Eltern stammten in dritter Generation aus der portugiesischen Universitätsstadt Coimbra. Einen Fußballverein gab es nicht. Die Jungen trafen sich nach der

Schule auf irgendeiner Wiese, um hinter einem Fußball herzujagen.
Emerson, der Jüngste von fünf Geschwistern, versuchte sich am liebsten als Stürmer. Weil er neben den flinken Negerjungen behäbig wirkte, stellte man ihn jedoch sehr bald ins Tor.
Mit 12 Jahren fiel Leao einem Amateurtrainer in einer Kleinstadt auf. Und schon drei Jahre später unterschrieb Emerson bei dem Zweitligisten »Comercial« in Sao José dos Campos seinen ersten Profivertrag.
Jetzt bot sich ihm des öfteren die Gelegenheit, in die Weltstadt Sao Paulo zu kommen. Hier blieb er bald hängen. Denn nach seinen großartigen Leistungen gegen «Palmeiras« bot ihm der Erstligaklub gleich einen Vertrag an.
Der Vertrag war traumhaft. Bald gehörte Emerson Leao zu den Großverdienern in Brasilien. Im Weltmeisterschaftsjahr 1978 strich er umgerechnet 15 000 Mark im Monat ein.
Leao hätte noch weitaus mehr verdienen können, wenn er die lukrativen Angebote von den amerikanischen Profiklubs angenommen hätte. Auch Cosmos New York war an dem Torwart interessiert. Leao wurde ein Handgeld von 2,5 Millionen Mark angeboten. Doch er lehnte ab. Das Abenteuer USA lockte ihn überhaupt nicht.

Die Elfmeterkiller

Über »die Angst des Torwarts beim Elfmeter« hat der Schriftsteller Peter Handke einen Roman verfaßt. Ich will schon seit langem mal die Fortsetzung schreiben. »Die Angst des *Schützen* beim Elfmeter« würde der Titel meines Buches heißen. Die Angst des Torwarts? Das ist absoluter Unsinn.

Viel größeren Bammel müssen die Schützen haben. Wenn sie versagen, sind sie die Buhmänner. Wenn ein Torwart einen Strafstoß nicht hält, ist das normal. Ein Torwart kann beim Elfmeter nur gewinnen, weshalb sollte er dann Angst haben?

Die Chancen stehen 50:50. Auf den ersten Blick allerdings hat es der Schütze leichter. 7,32 Meter breit und 2,44 Meter hoch ist das Tor, da muß es doch eine Leichtigkeit sein, den Ball dort unterzubringen. Denkste! Schon beim Anlauf verändern sich die Relationen. Das Ziel wird immer kleiner, der Torwart dagegen wächst zu einem Berg. Ich kenne das, weil ich selbst mal Stürmer war und des öfteren zum Strafstoß antreten mußte.

Rudi Kargus, der heute beim 1. FC Nürnberg im Tor steht, führt über jeden Bundesligaspieler Buch. Er weiß genau, in welche Ecke der Spieler normalerweise schießt. Es gibt zum Beispiel einige, die den Schützen dirigieren wollen, indem sie ihn vor dem Schuß in eine bestimmte Ecke »einladen«. Darüber Bescheid zu wissen, ist eine nützliche Hilfe, aber ein Patentrezept gibt es nicht.

Ich erinnere mich an das WM-Finale 1974 in München. Elfmeter für Holland. Ich kannte die Ecke von Johan Neeskens. Doch der trat vor lauter Nervosität in den Boden, und der Ball landete ganz woanders im Tor. Ein Elfmeter läßt sich einfach nicht berechnen.

Der Held Nummer zwei – Ubaldo Fillol

Ein hundertprozentiges Rezept, um Elfmeter zu »töten«, besaß auch Ubaldo Fillol nicht. Trotzdem machte er sich einen Namen als Elfmeterkiller.
Bei der Fußball-Weltmeisterschaft 1978 in Argentinien trafen die Gastgeber in der zweiten Finalrunde auf Polen. Das Stadion in Rosario war mit 40000 Zuschauern bis auf den letzten Platz gefüllt. Millionen Menschen saßen zu Hause vor dem Fernsehschirm. Mario Kempes brachte Argentinien nach 16 Minuten mit 1:0 in Führung. Dann die 38. Minute: Schiedsrichter Ericsson aus Schweden pfeift ein Foul im argentinischen Strafraum. Elfmeter für Polen. Kasimierz Deyna schießt. Fillol hält. Wer weiß, was passiert wäre, hätte er diesen Strafstoß nicht pariert. Vielleicht hätte Kempes nicht das 2:0 erzielt, und Argentinien wäre nicht Weltmeister geworden.
Fillol war der Retter der Nation. »Der Held Nummer zwei«, wie damals eine Illustrierte schrieb. »Held Nummer eins« war selbstverständlich der zweifache Torschütze Kempes. Das sah auch Fillol ein. Er gab sich mit dem zweiten Platz zufrieden.
Noch zwei Jahre zuvor hatte niemand damit gerechnet, daß es in Rosario einen Helden namens Ubaldo Fillol geben würde. Nach der WM 1974 hatte sich die argentinische Nationalmannschaft in Wohlgefallen aufgelöst. Erst 1976 begann Trainer César Luis Menotti damit, ein neues Team aufzubauen. Fillol stand zunächst nicht auf seiner Liste. Hugo Gatti von Boca Juniors war erste Wahl.
Ein Streit zwischen dem Verband und Fillols Verein River Plate Buenos Aires hatte zur Folge gehabt, daß Ubaldo nicht

mehr gefragt war. Nach monatelangem Gerangel um den Platz im Nationalteam zog er die Konsequenzen. Er verzichtete auf eine Berufung in Menottis Truppe und spielte mit seinem Klub irgendwo in Südamerika.
Fillol war sich darüber klar, daß ihm der Trainer diesen Affront nicht verzeihen würde. Menotti verbannte Fillol dann auch aus der Nationalelf. Doch wenige Monate vor der WM machte der kettenrauchende Trainer einen Rückzieher. Er bat Fillol, wieder zurückzukommen. Er kehrte ins Tor zurück – Gatti hatte gekränkt auf eine weitere Tätigkeit für das argentinische Nationalteam verzichtet.
Menotti brauchte seinen Kniefall nicht zu bereuen. Fillol war einer der besten Torhüter der WM 1978. Man nannte ihn in einem Atemzug mit dem Schweden Hellström und dem Peruaner Quiroga. Im Strafraum machte Fillol zwar nicht den sichersten Eindruck, aber auf der Linie war er mit seinen blitzschnellen Reflexen einmalig.
Ubaldo Fillol wuchs in Villa Monte, einem Städtchen rund 100 Kilometer südlich von Buenos Aires, unter recht ärmlichen Verhältnissen auf. Er war kaum 15 Jahre, da verließ er sein Elternhaus und ging in die Hauptstadt. Ubaldo machte seinen Weg, und der Vorortklub AC Quilmes, bei dem Fillol anheuerte, sein Geschäft.
Fillol war mit knapp 19 Jahren bereits Spieler in der ersten Mannschaft und wurde dann prompt verkauft. Racing Buenos Aires engagierte den Torwart, und Fillol kaufte sich für sein erstes Handgeld ein Dach über den Kopf. Ein bescheidenes Häuschen, aber immerhin sein eigenes.
Bei Racing demonstrierte Fillol auch erstmals seine Spezialität, das Abwehren von Strafstößen. Beim Turnier um die Stadtmeisterschaft 1972 hielt er insgesamt sechs Elfmeter. Das ist heute noch Rekord in Argentinien.
Endlich erhielt er so einen passenden Beinamen. Fillol, der Elfmeterkiller. Der war weitaus treffender als der Spitzname »el Pato«. Zu der »Ente« war Ubaldo rein zufällig gekom-

men. Seinen Vorgänger bei Quilmes, Iglesias, hatten sie wegen seines watschelnden Gangs »Ente« genannt. Als Fillol sein Nachfolger wurde, mußte er auch gleich den Namen seines Vorgängers mit übernehmen.
Bei Racing blieb Fillol nur zwei Jahre. 1973 wechselte er zu dem reichen Klub River Plate. Ein Jahr später gehörte er bereits zum argentinischen Aufgebot für die Weltmeisterschaft in Deutschland. Beim 1:1 gegen die DDR im Gelsenkirchener Park-Stadion machte er sein erstes Länderspiel. Das Ende seiner internationalen Karriere verlief nicht gerade erfolgreich. Bei der Weltmeisterschaft in Spanien 1982 schied Titelverteidiger Argentinien in der zweiten Finalrunde nach Niederlagen gegen Italien und Brasilien aus.

Der Macumba-Zauberer – Gilmar dos Santos Neves

Die Weltmeisterschaft 1958 in Schweden wurde von einer Mannschaft beherrscht: Brasilien. Die Zauberer aus Rio und Santos rissen die Fußballwelt aus ihrem Schlaf, alte Fußballweisheiten wurden mit einem Schlag ausgelöscht.
Bei den Brasilianern trat das spielerische Element in den Vordergrund, der athletische Kraftfußball war bei ihnen verpönt. Mit technischen Kabinettstückchen begeisterten Didi, Pélé oder Garrincha die Massen. Und im Tor stand mit Gilmar dos Santos Neves ein Artist, der das Torwartspiel wie eine Kunst zelebrierte.
Elegant und mühelos setzten sich die Brasilianer über Frankreich und Schweden hinweg und erspielten sich mit ihrem Traumfußball den ersten Weltmeistertitel.
Pélé und Gilmar waren die Stars des brasilianischen Wunderteams. Sie waren Freunde. Für den 17jährigen Pélé war der zehn Jahre ältere Gilmar ein väterlicher Ratgeber. Sie hatten vieles gemeinsam, zum Beispiel stammten beide aus ärmsten Verhältnissen.

In der Hafenstadt Santos, wo die »schwarze Perle« Pélé entdeckt wurde, wurde Gilmar geboren. Seine ersten fußballerischen Erfahrungen machte er beim Verein Jabaquara, bevor er 1949 nach São Paulo zu den Corinthians wechselte. Sein damaliges Monatsgehalt: 600 Mark.

12 Jahre später kehrte Gilmar in seine Geburtsstadt zurück und unterschrieb dort gleich zwei Verträge. Die Unterschrift beim Pélé-Klub FC Santos garantierte ihm ein so fürstliches Monatsgehalt, daß er die zweite Verpflichtung ohne Bedenken eingehen konnte. Am 17. September 1961 heiratete Gilmar seine Jugendfreundin Raquel.

Raquel liebte alles, was ihr Mann mochte – Musik, Kunst, Theater, nur den Fußball nicht. Sie sah sich nie ein Fußballspiel an. Zum Abschiedsspiel von Gilmar mußte sie fast mit Gewalt geschleppt werden. Der Bürgermeister von Rio de Janeiro persönlich entführte Raquel ins Maracana-Stadion, wo ihr berühmter Mann am 12. Juni 1969 sein 100. und letztes Länderspiel bestritt. Es wurde ein triumphaler Abschied. Brasilien besiegte England, den amtierenden Weltmeister, mit 5:1.

Vor dem Spiel erlebten die 150000 Zuschauer noch einmal Gilmars Ritual, das er in zwei Jahrzehnten immer wieder abgespult hatte. Mit den Stollen seines linken Schuhs markierte er eine Linie zwischen den beiden Torpfosten. Dann erhielt jeder Pfosten mit dem linken Fuß drei Tritte. Schließlich markierte er noch genau die Mitte der Torraumlinie. Erst dann konnte das Spiel beginnen.

Gilmar war abergläubisch. Wie rund ein Drittel der brasilianischen Bevölkerung suchte der Torwart Hilfe im Macumba-Glauben. Zusammen mit parallelen Kulten wie Xango, Batuque oder Umbando gehört der mystische Macumba-Glaube zu den wichtigsten »Religionen« Brasiliens.

Wo die Medizin oder die Sozialpolitik der Regierung versagt, da hilft Macumba. Offensichtlich erhoffte sich auch Gilmar von der Macumba-Magie Zauberkräfte.

Mit dem Aberglauben ist das so eine Sache. Gerade den Sportlern wird nachgesagt, sie seien besonders abergläubisch. Aber jeder Mensch ist abergläubisch. Sogar der, der an Gott glaubt. Irgendeinen Spleen hat jeder. Man muß nur an ihn glauben. Wenn alles gut geht, glaubt man dran. Und wenn es nicht gut geht, dann glaubt man zwar nicht mehr dran, macht aber aus Gewohnheit damit weiter.

Meistens entspringt der Aberglaube einem Zufall. So war es jedenfalls bei mir. Wir hatten mit dem FC Bayern beim 1. FC Kaiserslautern anzutreten. Auf dem Betzenberg haben wir so gut wie nie gewonnen.
Doch diesmal blieben wir Sieger. ›Was hast du vor dem Spiel gemacht?‹, habe ich mir nach dem unerwarteten Erfolg überlegt. ›Du hast gefrühstückt, gelesen und – dich rasiert.‹ Das hatte ich bisher nie getan. Von da an habe ich mich vor wichtigen Spielen immer rasiert.
So kam mein Aberglaube zustande, den ich einem Reporter gegenüber einmal so erklärt habe: »Wenn ich keine Stoppeln im Gesicht habe, ist der Luftwiderstand geringer, und ich fliege besser.«

Bei seiner Spezialität, dem Abwehren von Strafstößen, schien Gilmar in der Tat übersinnliche Fähigkeiten zu entwickeln. Während seiner 16jährigen Karriere im Dreß der brasilianischen Nationalelf hielt er zwölf Elfmeter, in den Spielen mit Santos mehr als hundert.
Einen seiner wichtigsten Strafstöße parierte Gilmar 1963, als der FC Santos, der Südamerika-Meister, und Inter Mailand, der Europapokalsieger der Landesmeister, um den Weltcup der Vereinsmannschaften kämpften. Nachdem durch die ersten beiden Begegnungen in Mailand und Rio kein Sieger ermittelt werden konnte, kam es zu einem Entscheidungsspiel. Gilmar hielt einen Elfmeter der Mailänder, und Santos gewann durch einen Strafstoß von Dalmao den vierten Welt-

cuptitel. Ein Erfolg, den außer Gilmar kein anderer Torwart der Welt erreicht hat.
Mit einem Elfmeter begann auch die Laufbahn des Nationaltorwarts Gilmar. Beim Turnier um die südamerikanische Meisterschaft 1953 in Peru war er nur die Nummer drei hinter Castilho und Barbosa. Gilmar sollte internationale Fußballuft schnuppern, und allein deswegen hatte man ihn mitgenommen. Bolivien war der erste Gegner, und zur Halbzeit führte Brasilien bereits mit 2:0.
In der zweiten Halbzeit erhielt Gilmar eine Chance. Es waren noch keine zehn Sekunden gespielt, als der Schiedsrichter auf den weißen Punkt zeigte. Foulelfmeter für Bolivien. Neuling Gilmar behielt die Ruhe und gab dem Strafstoßschützen das Nachsehen. Der Debütant im Tor hatte seine Feuertaufe bestanden.
Im Fußballeben des Gilmar dos Santos Neves gab es jedoch auch deprimierende Momente. Bei der Weltmeisterschaft 1966 in England erwartete man von Brasilien, das vier Jahre zuvor in Chile seinen zweiten WM-Titel gewonnen hatte, und auch von dem mittlerweile 36jährigen Gilmar Wunderdinge. Doch es kam ganz anders.
Beim 2:0-Sieg gegen Bulgarien bewies der Schlußmann aus Santos seine Extraklasse, doch dann folgte das 1:3 gegen Ungarn. Gilmar wurde zum Sündenbock für diese Niederlage gestempelt. Die drei Tore wurden allein ihm angekreidet.
Im letzten Gruppenspiel gegen Portugal versuchte dann Trainer Feola zu retten, was noch zu retten war. Er krempelte die Mannschaft völlig um. Auch Gilmar mußte seinen Posten räumen. Für ihn kam Botafogo-Torwart Manga ins Tor. Brasilien verlor wieder mit 1:3 und durfte die Heimreise antreten.
Noch drei Jahre spielte Gilmar beim FC Santos, dann zog er sich ins Privatleben zurück. Als Abteilungsleiter im Wirtschaftsressort der Stadtverwaltung von São Paulo erhielt er

sichere berufliche Möglichkeiten. Und dem Fußball blieb er weiter treu. Gilmar wurde Vorsitzender der Spielergewerkschaft. »Ein Fußballer sollte immer daran denken, daß sein Gegner ein Berufskollege ist, der Achtung und Respekt verdient«, sagte Gilmar bei seiner Antrittsrede als Gewerkschaftschef, ein Satz, der als Motto über seiner eigenen langen Karriere gestanden haben könnte.

Der Torwartriese aus Breslau – Jan Tomaszewski

Für Pélé war er die Nummer eins. »Jan Tomaszewski aus Polen«, hat der Ballkünstler aus Brasilien einmal auf die Frage nach dem weltbesten Torhüter geantwortet. Der in Breslau geborene Torwartriese (1,94 Meter groß) hat sich selbst nie eingestuft. Er wußte nur, welche Voraussetzungen der Beste unter den Besten mitbringen mußte: »Er wäre eine Mischung aus Sepp Maiers Strafraumbeherrschung, Dino Zoffs Reaktionen auf der Linie, Gordon Banks' Reflexen und Jan Tomaszewskis physischer Stärke.«

Für mich zählte Jan Tomaszewski zu den Besten seines Fachs. Ich habe ihn gemocht, weil er in dem bierernsten Geschäft immer einen lockeren Spruch draufhatte. Jan war der Spaßvogel in der polnischen Nationalmannschaft. Mit seiner Meinung hielt er nie hinter dem Berg. Kein Wunder, daß er mit Trainern und Funktionären immer auf Kriegsfuß stand.

Bei der Weltmeisterschaft 1974 in Deutschland hat sich Jan Tomaszewski endgültig in die Torwartelite hineingespielt. Bei der unvergessenen Wasserschlacht am 3. Juli im Frankfurter Waldstadion hielt Tomaszewski einen Elfmeter von Uli Hoeneß. Wie haben wir um den Einzug ins Endspiel bangen müssen! Aber schließlich gelang Gerd Müller doch noch das 1:0 gegen die Polen, und wir standen im Finale.

Tomaszewski lieferte damals Riesenspiele. In den sieben

Begegnungen der WM kassierte er nur fünf Tore. Die Polen hatten es auch ihrem Torwart zu verdanken, daß sie bei der Weltmeisterschaft den dritten Platz belegten.
Daß die Polen sich überhaupt für die WM qualifiziert hatten, ist ein Kapitel für sich. Dies Kapitel enthält eine der Sternstunden des Jan Tomaszewski.
Der 17. Oktober 1973 war ein Tag, an dem die Polen Fußballgeschichte schrieben. Im Londoner Wembleystadion mußten sie im entscheidenden Spiel um die WM-Qualifikation gegen England antreten. Die Engländer wollten sich für die 0:2-Niederlage revanchieren, die sie ein Vierteljahr zuvor im Hinspiel erlitten hatten.
Ganz Großbritannien fieberte der »Nacht der Rache« entgegen. Den Polen schien ein Waterloo bevorzustehen. Die 100000 Zuschauer im Stadion machten einen Höllenlärm und die Polen sich in die Hose. »Wir waren schon vor dem Anpfiff fix und fertig. Wir hatten wirklich Angst vor der Kulisse und der englischen Mannschaft. Die Toilette vor unserer Kabine war dauernd besetzt«, erinnerte sich Tomaszewski später.
Die Engländer begannen furios. Wie besessen berannten sie das polnische Tor. Doch Tomaszewski hatte seine Nerven voll unter Kontrolle. Sobald er auf dem Platz war, vergaß er alles um sich herum und war die Ruhe selbst. Mit unglaublichen Paraden brachte er die englischen Stürmer zum Verzweifeln.
Erst durch einen Elfmeter wurde er bezwungen. Doch der tat den Polen nicht weh. Zuvor hatte nämlich Jan Domarski den Gast mit 1:0 in Führung gebracht. Das »Wunder von Wembley« war Wirklichkeit geworden. Mit einem 1:1 hatten die Polen den Engländern den Weg zur WM versperrt und sich selbst qualifiziert.
Der Mann, der Polen den Weg zur Weltmeisterschaft ebnete, wollte anfangs gar nicht Fußballer werden. Basketball war seine sportliche Jugendliebe. Mit seiner Statur, den langen

Armen und den riesigen Händen war er dafür geradezu prädestiniert. Als 12jähriger begann Jan dann auch mit dem Spiel unter den Körben.
Als Tomaszewski dabei war, sich zum Basketballstar zu entwickeln, hatten die Spione der Fußballvereine bereits sein Torwarttalent entdeckt. 1962 sagte er dem polnischen Basketballmeister Slask Breslau ab und heuerte beim Fußballklub Gwardia Breslau an.
In Breslau war der lange Torwart bald sehr populär. Doch er verkraftete den frühen Ruhm nur schwer. Er frönte dem süßen Leben, schwang große Reden und verzettelte sich in Streitereien mit den Vereinsfunktionären.
Der Verein war drauf und dran, den Torwart zu feuern. Da erhielt Tomaszewski ein Angebot von Legia Warschau. Er giff sofort zu. Doch die Zeit in Warschau wurde zum dunkelsten Kapitel in seiner Laufbahn.
Am 10. Oktober 1971 gab Tomaszewski sein Debüt in der Nationalmannschaft. Die Polen hatten in Warschau Deutschland zum Gegner und verloren mit 1:3. Zweimal Gerd Müller und Jürgen Grabowski hatten die Tore erzielt. Die polnischen Fans waren sich einig: Für Tomaszewski sollte dies das erste und letzte Länderspiel gewesen sein.
Drei Tage später schien es mit Jans Karriere endgültig zu Ende zu sein. Im Europapokalspiel gegen Bukarest bot er erneut eine miserable Leistung. Legia wollte auf seine weiteren Dienste verzichten und bot ihn zum Transfer an. LKS Lodz war der einzige Klub, der an dem Torwart interessiert war. Tomaszewski hatte einen neuen Verein. LKS Lodz hatte ihn vor dem sportlichen »Tod« gerettet.
Jan Tomaszewski dankte es seinem »Lebensretter« über Jahre hinweg mit einer hervorragenden Leistung. Und aus dem Flegel war mittlerweile ein reifer Mensch geworden. »Ein Mensch, der etwas erreichen will, muß durch Tiefs hindurch, um seine eigene physische Belastbarkeit zu erfahren«, hat Tomaszewski einmal gesagt. »Wenn ich nicht all

diese bitteren Erlebnisse gehabt hätte, wäre ich sicherlich nicht ein so erfolgreicher Torwart geworden.«
Auch während seiner großen Erfolge war Jan Tomaszewski jedoch ein Mann, der mit Konflikten leben mußte. Im Sommer 1976 scheiterte seine erste Ehe. Wenige Wochen später wird er vom polnischen Nationaltrainer Jacek Gmoch für einige Zeit aus der Nationalmannschaft verbannt.
Den großen Höhepunkten wie Wembley 1973, dem dritten Platz bei der Weltmeisterschaft 1974 oder der olympischen Silbermedaille von Montreal 1976 standen ebenso viele Tiefpunkte gegenüber. Tomaszewski: »Aber stets waren es die schwachen Momente, die mich stärker gemacht haben.«

Ein Muster an Beständigkeit – Jürgen Croy

Duplizität der Ereignisse. Als ich im Oktober 1978 zum drittenmal als »Fußballer des Jahres« ausgezeichnet wurde, erhielt Jürgen Croy etwa zur selben Zeit die gleiche Ehrung in Ost-Berlin. Der DDR-Torwart wurde von der Fußball-Zeitschrift »Neue Fußballwoche« zum »Spieler des Jahres« in der DDR gewählt.
Jürgen Croy, am 19. Oktober 1946 in Zwickau geboren, hatte mit mir einiges gemeinsam. Er war sicher auf der Torlinie, gut in der Strafraumbeherrschung, robust und wenig verletzungsanfällig.
Wir hatten auch ein gemeinsames Ziel. Damals im November 1978. Wir wollten den Einzug in den exklusiven »Hunderter-Klub« schaffen.
Unsere Chancen waren nicht schlecht. Croy und ich standen vor unserem 91. Länderspiel. Er hatte mit der DDR-Auswahl in Rotterdam gegen Holland anzutreten, ich in Frankfurt mit der deutschen Nationalmannschaft gegen Ungarn. Die restlichen neun Spiele würden wir auch noch schaffen. Haben wir gedacht.

Jürgen Croy hatte damals keinen ernsthaften Rivalen in der DDR. Mir dagegen saßen mit Burdenski, Kargus, Nigbur, Schumacher und Kneib eine ganze Reihe von Konkurrenten im Nacken. Und ich war immerhin schon 34 Jahre alt.
Doch die Konkurrenz hat mich angestachelt. Und das Alter bedeutete für mich nur einen biologischen Ablauf. Die 100 Spiele wollte ich packen. Wie Jürgen Croy.
Doch es gelang nicht. Croy beendete seine aktive Laufbahn mit 94 Länderspielen. Bei mir kam nach 95 Einsätzen das Aus.
Jürgen Croy war eine Ausnahmeerscheinung im Weltfußball. Eine Beständigkeit über mehr als ein Jahrzehnt hinweg zeichnete ihn aus. Dabei hatte er im Gegensatz zu mir sehr selten Gelegenheit, ins internationale Rampenlicht zu treten. Sein Klub, Sachsenring Zwickau, nahm so gut wie nie an europäischen Wettbewerben teil.
Ich habe Jürgen Croy sehr geschätzt, noch bevor ich ihm zum erstenmal gegenüberstand. Das Los eines Berliner Jungen hatte dafür gesorgt, daß die deutsche Nationalmannschaft und die DDR-Auswahl während der Fußball-Weltmeisterschaft in Deutschland aufeinandertrafen.
Das war am 22. Juni 1974 in Hamburg. Schon Tage vor dem innerdeutschen Duell war für jeden klar, daß wir das Spiel gewinnen würden. Und 24 Stunden vor der Begegnung verriet die »Bild«-Zeitung noch, wie man die Vertreter des »Ersten Arbeiter- und Bauernstaates auf deutschem Boden« »niederwalzen« könne.
Daß das Spiel dann ganz anders lief, als wir es uns vorgestellt hatten, lag nicht zuletzt auch an Jürgen Croy. Er leistete hervorragende Arbeit im Tor. Am Ende seines 50. Länderspiels war er der Glücklichere, während ich in meinem 53. Einsatz das 0:1 durch Jürgen Sparwasser hinnehmen mußte.
Ein Glück, daß uns die DDR geschlagen hat. Sonst wären wir damals sicher nicht Weltmeister geworden.

Ich wurde Weltmeister und Europameister und holte mit dem FC Bayern viermal den Europapokal. Doch eines hatte Jürgen Croy mir voraus. Er gewann die olympische Goldmedaille. Das war 1976, als die DDR im Finale den WM-Dritten Polen mit 3:1 besiegte.
Vier Jahre zuvor in München hatte es nur zu einem dritten Rang im olympischen Fußballturnier gereicht. Aber im Spiel um Platz drei bezwang die DDR immerhin die bundesdeutschen »Amateure«, zu denen so hochdotierte Stars wie Uli Hoeneß, Bernd Nickel oder Ronnie Worm gehörten.
Seinen ersten sportlichen Erfolg errang Jürgen Croy 1965 in der Bundesrepublik. Als 19jähriger feierte er mit der DDR-Juniorenauswahl den Sieg beim UEFA-Turnier. 16mal stand der gelernte Elektriker in dieser Mannschaft. Dann folgten fünf Einsätze in der DDR-Nachwuchsmannschaft, ehe Croy den Sprung in die Nationalelf schaffte.
Das war am 5. Mai 1967 in Helsingborg gegen Schweden. Jürgen Croys Einstand glückte. Die DDR gewann mit 1:0.
Bei der Südamerikareise 1971 gewann die DDR nicht nur mit 1:0 in Chile, sie schlug sogar in Montevideo Uruguay mit 3:0 Toren. Durch großartige Paraden stahl Croy seinem Gegenüber Mazurkiewicz die Schau.
Großes Aufsehen erregte Jürgen Croy während dieser Tournee mit seiner Spezialität, dem Abwehren von Strafstößen. Wie daheim in der DDR meisterte er in Lateinamerika gleich mehrere Elfmeter. In Mexiko nannten sie Croy nur den »Penalty-Killer«.
Daß die DDR-Auswahl sich nicht für die Weltmeisterschaft 1978 in Argentinien qualifizieren konnte, war für Jürgen Croy eine bittere Enttäuschung. Schließlich galt er als leidenschaftlicher Südamerika-Fan.
Ob dem ehemaligen Trabant-Fahrer Croy der VW-Golf, den er sich 1978 leisten konnte, ein kleines Trostpflaster war...?

Die Showmänner

Show im Fußballtor – ich bin der letzte, der etwas dagegen hätte. Show kann nur der machen, der die nötige Leistung bringt und einen festen Platz in der Mannschaft hat. Nur dann wirkt man selber und die Show, die man macht, glaubwürdig.
Ich hatte schon eine Menge Länderspiele auf dem Buckel, bevor ich mit meiner Gaudi begonnen habe. Als 20jähriger habe ich mich gehütet, irgendwelche Faxen zu machen. Wenn die Leistung nicht stimmt, ist jede Show fehl am Platz. Dann wird man blitzschnell zum Kasperl.
Es ist gar nicht so einfach, die Leute mit irgendeinem Spaß zu erheitern. Man muß genau die passende Gelegenheit erspüren, in der man eine Show abziehen kann. Wer es beherrscht, im richtigen Moment und im richtigen Stil einen Jux zu machen – vorausgesetzt, die Situation erlaubt es –, der sorgt für Begeisterung auf den Rängen.

Clown der ersten Stunde – Petar Radenkovic

Petar Radenkovic, Jahrgang 1934, war ein Meister seines Fachs – als Torwart und als Clown! »Radi« war der erste Fußballer in Deutschland, der Sport als Show präsentierte.
Ob seine Späße dann ankamen oder ob er deswegen gar ein Tor hinnehmen mußte, das war ihm egal. »Radi« hat seinen unbestrittenen Platz in der Mannschaft gehabt. Den hat er sich aber erst einmal erkämpfen müssen. Als Radenkovic nämlich in Deutschland begann, Fußball zu spielen, hat er

sich zunächst nicht getraut, seine Show abzuziehen. Erst mußte er sich durch Leistung etablieren. Was ihm auch gelang. »Radi« war ein Klassetorwart und hat sich so das Recht erarbeitet, seine Clownereien treiben zu dürfen.
Radenkovic fing bei Null an, als er 1960 aus Jugoslawien nach Deutschland kam. Verbittert hatte er seine Heimat verlassen. Sein Verein OFK Belgrad wollte ihn zum Reservisten machen, nachdem er seinen zwölfmonatigen Wehrdienst abgeleistet hatte. Seine drei A-Länderspiele und die Silbermedaille bei den Olympischen Spielen 1956 in Melbourne zählten offenbar auf einmal nicht mehr.
Wütend verließ Radenkovic den Verein. Er erhielt ein Angebot vom Lokalrivalen Roter Stern. Doch OFK verweigerte ihm die Freigabe. Kurzerhand setzte sich »Radi« in den Zug und fuhr nach Deutschland.
In München stieg er aus – und bald wieder ein. Es klappte nicht mit der großen Karriere. Bayern München ließ ihn abblitzen, und bei 1860 klopfte Radenkovic erst gar nicht an. Enttäuscht kehrte er nach Belgrad zurück.
Monate später brach er erneut in den »Goldenen Westen« auf. Der Oberligaverein Wormatia Worms war an dem jugoslawischen Torwart interessiert. Im Südwesten Deutschlands startete Radenkovic seine rasante Karriere als einer der ersten Fußballgastarbeiter.
450 Mark kassierte »Radi« im Monat als Torwart in Worms. Nebenbei betätigte er sich als Englisch-Dolmetscher bei der amerikanischen Armee. Bei der Wormatia sorgte er für Schlagzeilen. Mit »Radi« im Tor blieb die Mannschaft 14mal hintereinander ohne Niederlage. Das sprach sich bald bis München herum.
Max Merkel wollte Radenkovic für 1860 engagieren. Beide trafen sich erstmals 1961 im Wormser Bahnhofsrestaurant. »Reden wir über die Marie«, hat Merkel damals gesagt, worauf Radenkovic nüchtern antwortete: »Beobachten Sie mich erst einmal im Spiel, dann können wir übers Geld

reden.« Für Merkel war sofort klar: Radenkovic war sein Mann.

Max Merkel, der Trainer, und Petar Radenkovic, der Torwart – beide haben die Anfangszeit der 1963 gegründeten Fußball-Bundesliga mitgeprägt. Beide trieben die Gagen nach oben. Radenkovic verdiente 1965 bei den Münchner »Löwen« bereits eine Viertelmillion Mark im Jahr. Und Merkel ließ sich mit 11000 Mark im Monat fürstlich entlohnen.

Merkel und Radenkovic waren Persönlichkeiten. Jeder hatte seinen Dickkopf. Daß da Reibereien nicht ausblieben, war klar. Die beiden stritten sich in aller Öffentlichkeit. Bei einem Training drohte Radenkovic dem Trainer sogar einmal Prügel an. Merkel höhnte damals: »Auf einem Esel ist er nach München geritten und hat trockenes Brot gegessen. Heute fährt er Mercedes und ißt flambierte Bananen, dieser verrückte Hund.«

Derartige Töne hatte man bis dahin im deutschen Fußball nicht zu hören bekommen. Die Nation horchte auf und lachte. Über »Radi«, wenn er seine berühmten Ausflüge ins Spielfeld unternahm, dabei den Ball verlor, der Gegner ein Tor erzielte, und über Merkel, der dann tobte: »Diesem Wahnsinnigen habe ich meine Gallenerkrakung zu verdanken.«

Man schmunzelte über »Radis« Galgenhumor, als er sich in Sträflingskleidung fotografieren ließ. Der Deutsche Fußball-Bund hatte ihn zu einem Monat Sperre und 5000 Mark Geldstrafe verdonnert, weil er einem Schiedsrichter »Trunkenheit an der Pfeife« vorgeworfen hatte.

Man amüsierte sich, wenn »Radi« seinem Kollegen Jimmy Schmitt beinahe den Hals umdrehte, weil der arme Kerl um ein Haar ein Eigentor fabriziert hatte.

Als Radenkovic mit 36 Jahren als ältester Bundesligaspieler noch das Tor hütete, war sein Name längst schon zur Legende geworden. Die Leute mochten den Paradiesvogel,

der sich selbst als »bestes Torwart von Welt« bezeichnete und auf über 100000 verkauften Schallplatten das frohe Geständnis sang: »Bin i Radi, bin i König.«
Der Popularität von Radenkovic tat es auch keinen Abbruch, als es mit den ewig untereinander zerstrittenen »Sechzigern« allmählich bergabging. 1964 noch deutscher Pokalsieger, 1965 Europacup-Finalist – man verlor 1:2 gegen West Ham United –, 1966 Deutscher Meister, sackten die »Löwen« 1970 schließlich auf einen Abstiegsplatz in der Fußballbundesliga ab.
Mitte der sechziger Jahre ergab die Umfrage einer Zeitschrift, daß »Radi« neben John F. Kennedy, Winnetou und Albert Schweitzer zu den Vorbildern der deutschen Jugendlichen gehörten. An so einem Mann konnte die Werbeindustrie natürlich nicht vorbeigehen. Radenkovic wurde als Dressman für Freizeitkleidung und Zugpferd für Zweiräder eingespannt.
»Radi« genoß die Popularität und knüpfte gleichzeitig Beziehungen, die ihn zu dem gemacht haben, was er heute ist. Ein wohlhabender und angesehener Geschäftsmann. Auch hier ist er – wie damals als Fußballer – Hansdampf in allen Gassen. »Radi« besitzt ein Restaurant und eine Diskothek, außerdem nennt er noch eine Immoblien- und Werbefirma sein eigen.
Als sich 1860 München zu Beginn der achtziger Jahre wieder einmal im Dschungel immenser Schulden verstrickt hatte und am Rande des sportlichen und finanziellen Ruins stand, dachte Radenkovic mit Wehmut an die großen Jahre zurück. Die wollte er zurückbringen. Also kandidierte er im Frühjahr 1981 gegen den damaligen »Löwen«-Präsidenten Dr. Erich Riedl.
Doch »Radi« hatte sich zu weit aufs Funktionärsparkett vorgewagt. Die Mitglieder ließen ihn abblitzen. Riedl, von Radenkovic als »politischer Trittbrettfahrer« bezeichnet, blieb mit 404 von 635 Mitgliederstimmen im Amt. Nach

seinem ersten Anlauf im Jahr 1974, als er Manager werden wollte, war Radenkovic erneut gescheitert. Die Lust an einem Job bei 1860 dürfte ihm nun wohl endgültig vergangen sein. Denn verlieren tut »Radi« nicht gerne.
Spieler und Fans von 1860 und Bayern haben immer eine große Wut aufeinander gehabt, aber ich habe mich mit Radenkovic stets prächtig verstanden. Trotz aller sportlichen Rivalität verband und verbindet uns eine gute Freundschaft. Da konnte auch der Spottvers der Bayern-Fans nichts dran ändern. Sie hatten »Radis« Schlager damals kurzerhand umgetextet: »Bin i Radi, bin i Depp, König ist der Maier Sepp.«
»Radi« war stets fair zu mir. Als die »Sechziger« bereits in der Bundesliga spielten und wir Bayern nur in der Regionalliga, haben die »Löwen« abfällig auf uns hinabgeschaut. Nur der »Radi« nicht. Das habe ich ihm hoch angerechnet.
Neidisch auf ihn war ich schon gar nicht. Wieso auch? Ich war damals erst 18, als er seine große Zeit hatte. Und »Radi« war immerhin zehn Jahre älter. Da lagen Welten dazwischen. Aber den Ehrgeiz, auch einmal die Nummer eins in München zu werden, den hatte ich damals schon.
Und dann ging's auch schneller bergauf mit mir. 1965 Aufstieg in die Bundesliga, 1966 in der Nationalmannschaft. Und in der Saison 1967/68 war's dann schon soweit, daß genauestens darüber Buch geführt wurde, wer die meisten Tore kassiert hatte. Ich fand mich meist am Ende dieser Liste.
Den »Radi« hat's kaum gestört, daß er auf dem absteigenden Ast war. Seine Zeit war vorbei, das wußte er. Er verabschiedete sich mit Gelassenheit. Petar Radenkovic, der erste Komiker auf der deutschen Fußballszene, war ein anständiger, fairer Sportsmann. Schlichtweg eine Persönlichkeit.

Matador im Tor – Ricardo Zamora

Fußballfreunden zergeht sein Name auf der Zunge wie feinste Schokolade. Ricardo Zamora, der Wundertorwart. Ricardo Zamora, »el divino« – der Göttliche.

Ricardo Zamora war schon zu Lebzeiten eine Legende. Vor oder nach ihm gab es sicherlich bessere Torhüter. Doch niemand hat das Fußballvolk in Europa so in Begeisterung versetzt wie der Spanier. In Spanien reichte Zamoras Popularität an die der berühmtesten Stierkämpfer heran.

Ricardo Zamora war ein Matador im Tor. Was er den Zuschauern vorführte, erinnerte an ein komplettes Zirkusprogramm. Er glänzte als Akrobat, Artist, Jongleur und auch als Clown.

Als die Spanier einmal in Lissabon gegen Portugal spielten, zog Zamora alle Register seines Könnens. Und nebenbei machte er noch seine Späße. Oft auf Kosten anderer, wie in diesem Spiel. Damals war ein portugiesischer Stürmer sein Opfer. Er hieß Jesus Christus.

Lange Zeit stand das Spiel 0:0. Dann wurde ein Portugiese von einem Spanier im Strafraum gelegt. Elfmeter. Jesus Christus legte den Ball auf den Elfmeterpunkt, nahm einen Riesenanlauf und schoß ungemein scharf aufs spanische Tor. Der Schuß war plaziert, doch Zamora hielt ihn.

Der Schütze war zunächst fassungslos, dann außer sich vor Wut. Schon in der nächsten Szene rächte sich Christus an Zamora mit einem üblen Foul. Schiedsrichter Dr. Peco Bauwens, der spätere Präsident des Deutschen Fußball-Bundes, pfiff ab und zitierte den Sünder zu sich. »Ich schicke Sie sofort vom Platz, wenn Sie sich noch einmal danebenbenehmen«, drohte er. »Auch wenn sie Jesus Christus heißen.«

Doch damit nicht genug. Mit abfälligen Gesten gab Zamora Jesus Christus dem Gelächter der Leute preis. Der Portugiese traute sich kaum noch in die Nähe des spanischen Tors.

Einen Schuß in Richtung Zamora versuchte er schon gar nicht. Nach dem Schlußpfiff war Christus so fertig, daß ihn auf dem Weg in die Kabine zwei Mannschaftskameraden stützen mußten.
Ricardo Zamora brachte noch manch anderen Stürmer zum Verzweifeln. Unglaubliche Reflexe und eine sagenhafte Geschmeidigkeit zeichneten ihn aus. Die athletische Figur tat ein übriges bei der Abschreckung des Gegners.
Für Zamoras Blitzreaktionen gab es eine einfache Erklärung. In seiner Jugend war Ricardo ein begeisterter Pelotaspieler. Bei diesem Spiel fliegt ein Hartgummiball mit Geschwindigkeiten bis zu 150 Kilometern in der Stunde auf den Spieler zu. Wer zu langsam reagiert, der konnte erhebliche Verletzungen davontragen. Zamora wurde nie verletzt.
Ricardo Zamora wollte immer schon Fußballer werden. In Sarria, einem Stadtteil Barcelonas, wuchs er auf. Ricardo war gerade eingeschult worden, da trieb er sich bereits mit Nachbarkindern auf einem Bolzplatz an der »Carretera de Sarria« herum.
Das runde Leder ließ Zamora nicht mehr los. Zugunsten des Fußballs und zum Leidwesen seines Vaters, eines angesehenen Arztes, brach er sein Medizinstudium ab. Zu dieser Zeit stand Ricardo schon längst im Tor der ersten Mannschaft von Español Barcelona.
Der Beginn von Zamoras großer Karriere ist in einem Zeitungsartikel festgehalten. »Ein 15jähriger Junge brachte Real Madrid zur Verzweiflung«, heißt es in einem Bericht über die Partie zwischen Español und Real Madrid 1916.
Zamora feierte damals seinen Einstand in der ersten spanischen Liga. Es war eine einmalige Premiere. Ricardo hielt phantastisch. Erst kurz vor Spielende mußte er das Ausgleichstor der Madrilenen hinnehmen. Santiago Bernabeu, späterer Präsident von Real, hatte es geschossen.
Zamoras Ruhm läßt sich durch Zahlen beeindruckend dokumentieren. In seiner zwanzigjährigen Karriere kassierte er in

den 46 Länderspielen, die er zwischen 1920 und 1936 bestritt, nur 42 Tore. Und im Tor des FC Barcelona mußte er in den ersten drei Jahren nur zehn Gegentreffer entgegennehmen. Wer damals gegen Zamora ein Tor machte, der erhielt Sonderprämien und Geschenke. Unser Alt-Bundestrainer Sepp Herberger hat über Zamora einmal gesagt: »Wer an ihm vorbeischoß, der verfehlte meist auch das Tor.«
Unverwundbar war Ricardo Zamora allerdings auch nicht. Beim Länderspiel gegen England im Dezember 1931 in London mußte er gleich siebenmal hinter sich greifen. Spanien erzielte nur ein Gegentor.
Noch unerfreulicher verlief für ihn die Begegnung mit Deutschland am 23. Februar 1936 in Barcelona. Zamoras Abschied aus der Nationalelf wurde ihm gründlich verdorben. Deutschland gewann 2:1. Für Zamora war es die erste Niederlage auf spanischem Boden. Und das ausgerechnet in seinem letzten Länderspiel. Seppl Fath, der quirlige Linksaußen von Wormatia Worms, hatte den damals 35jährigen Zamora gleich zweimal überlistet.
Nach dem Ende seiner aktiven Laufbahn war Ricardo Zamora als Klubtrainer bei Atletico Madrid, Vigo, Malaga, Caracas und Español Barcelona sowie als spanischer Nationaltrainer tätig. Seinen Stammverein Español betreute er für einige Jahre auch als Manager.
Das war Anfang der sechziger Jahre. Ich war gerade 20 Jahre alt, als ich Zamora kennenlernte. Alles, was ich bis dahin über ihn wußte, stammte aus Büchern. Jetzt stand er mir plötzlich gegenüber, der große Zamora.
Español war damals, am 24. August 1964, bei uns im Grünwalder Stadion zu Gast. Wir Bayern gewannen das Freundschaftsspiel gegen die Spanier mit 2:1. Ich habe damals sehr gut gehalten, und Zamora hat mich nachher gelobt. Das hat mich natürlich sehr gefreut.
Nach dem Spiel, beim Bankett, habe ich den älteren, gesetz-

ten Herrn dann näher kennengelernt. Ich habe ihn zwar nicht verstanden, weil er bloß spanisch gesprochen hat, aber mit Gesten hat er mir eine gute Zukunft vorausgesagt. Und da hat er recht behalten.

Ricardo Zamora verstand von seinem Fach eine Menge. Und vom Geschäft auch. 1930 wechselte er von Barcelona zu Real Madrid. Für 150000 Peseten, eine Summe, die nach dem damaligen Kurs etwa 120000 Mark entsprach. Das war Transfer-Weltrekord für einen Torwart. Selbstverständlich hat Zamora bei diesem Wechsel ganz schön mitkassiert.

Den Umzug in die spanische Hauptstadt hat Zamora nie bereut, obwohl er in den letzten Jahren seines Lebens sehr einsam war. Er war schwer erkrankt. Seine bescheidene Wohnung verließ er nur noch, wenn er zu Untersuchungen in die Klinik mußte. Die Öffentlichkeit erinnerte sich erst wieder an ihn, als er am 21. August 1978 ins Krankenhaus eingeliefert wurde und nicht mehr nach Hause zurückkehrte.

Eine Gehirnthrombose und eine schwere Lebererkrankung setzten seinem bewegten Leben ein Ende. Ricardo Zamora, »der Göttliche«, starb am 7. September 1978 im Alter von 77 Jahren.

Die ruhigen Vertreter

Ruhe ist erste Torwartspflicht. Da ist wirklich was dran. Die ruhigen Vertreter, diejenigen, die auf allen unnötigen Schnickschnack verzichten, sind meistens die besten Keeper.

Nervöse Hampelmänner haben im Tor nichts zu suchen. Die machen sich selbst und den Mitspielern das Leben schwer. Immer ruhig Blut, dieses Gebot gilt vor allem für Torhüter.

Wer ruhig und sachlich seine Arbeit im Tor verrichtet, der hat Erfolg. Mit einer solchen Spielweise kann man auch noch im gesetzteren Fußballalter seinen Mann stehen, weil ein ruhiger Vertreter seine Kräfte ökonomisch einzuteilen versteht und sie nicht bei überflüssigen Effekten vergeudet. Ein ruhiger Vertreter wird im Tor weitaus älter als einer, der nur fliegen kann.

Perfektes Stellungsspiel – Giampiero Combi

Giampiero Combi, am 18. Dezember 1902 in Turin geboren, war ein Musterbeispiel an Ruhe, Sachlichkeit und Nüchternheit. Sein perfektes Stellungsspiel ermöglichte es ihm, auf spektakuläre Einlagen zu verzichten. Auch wenn ihm die Bälle aus allen Richtungen um die Ohren pfiffen, Combi bewahrte in fast allen Situationen immer ruhig Blut.

Combi war einer, der zu dem stand, was er tat und was er sagte.

Die Weltmeisterschaft 1934 fand in Italien statt. Nacheinander hatten die Italiener die USA, Spanien und Österreich ausgeschaltet. Sie standen im Finale. Am Abend vor dem Endspiel saßen die Stars von Juventus Turin, die das Gerippe der italienischen Nationalmannschaft bildeten, zusammen beim Kartenspiel.

Da machte Combi eine Bemerkung, über die seine Freunde nur lächeln konnten. »Wenn wir morgen die ČSSR schlagen, mache ich Schluß mit dem Fußball«, hatte Combi gesagt. Er war zwar schon 32, aber immer noch in der Verfassung, um einige erfolgreiche Jahre hinter sich zu bringen.

Am nächsten Tag wurden die Italiener tatsächlich Weltmeister. Die »Azzurri« schlugen die ČSSR am 10. Juni 1934 in Rom nach Verlängerung mit 2:1. Und Combi machte seine Ankündigung wahr. Er hing seine Fußballstiefel an den Nagel. 47mal hatte er im Tor der italienischen Nationalelf gestanden.

Gut zehn Jahre vorher hatte er seinen Einstand gegeben. Erfolgreich war der nicht. Am 6. April 1924 verloren die Italiener in Budapest gegen Ungarn mit 1:7. Ein schlimmes Debüt für Combi. Es hatte Folgen. Ein Jahr lang wurde er vom Nationaltrainer nicht mehr berücksichtigt. Erst am 22. März 1925 kehrte Combi in die Nationalmannschaft zurück. Diesmal klappte es. Die Italiener erteilten Frankreich eine Lektion – 7:0.

Den Tiefpunkt in Combis Karriere bildete wohl das olympische Turnier 1928 in Amsterdam. Im Spiel gegen Uruguay beging er einige haarsträubende Fehler. Italien verlor mit 2:3 und verpaßte durch diese knappe Niederlage den Einzug ins Finale gegen Argentinien.

Selbst im Spiel um den dritten Platz gegen Ägypten hatte sich der italienische Schlußmann von diesem Schock noch nicht erholt. Italien gewann mit 11:3, doch alle drei Gegentore gingen auf das Konto von Combi.

Nach dem Ende seiner aktiven Zeit widmete sich Giampiero Combi seiner Bar, die er in der City von Turin eröffnet

hatte. Mehr aber noch seinem Verein Juventus. Als technischer Berater war er bei »Juve« ein gefragter Mann.
Seine Erfahrung machte sich dann auch der italienische Fußball-Verband zunutze. 1951 wurde Combi in den Betreuerstab der Nationalmannschaft berufen. Gemeinsam mit Carlo Beretta, dem Präsidenten von Brescia, und Antonio Busini, dem technischen Direktor des AC Mailand, coachte er die Mannschaft.
Giampiero Combi war erst 54 Jahre alt, als er den Tod fand. Zusammen mit seiner Frau und der Tochter befand er sich auf einem Ausflug nach San Remo. Plötzlich wurde ihm am Steuer seines Autos übel. Er besaß noch genug Kraft, um bis zur nächsten Tankstelle zu kommen. Dort wurde sofort ein Krankenwagen angefordert. Auf der Fahrt in die Klinik starb Combi am 13. September 1956.

Torwart alter Schule – Heiner Stuhlfauth

Ich erinnere mich noch genau. Es war am 12. September 1966, genau vier Wochen vor meinem zweiten Länderspiel in Ankara gegen die Türkei. Ich hörte die Nachricht im Radio: Heiner Stuhlfauth ist in Nürnberg im Alter von 70 Jahren nach einer Herzattacke gestorben.
Zwei Tage später habe ich in der Zeitung von seiner Beerdigung gelesen. Eine Menge Prominenz war dabei: der damalige Bundesminister Richard Stücklen, Sepp Herberger, seine ehemaligen Konkurrenten im Tor der Nationalelf, Willibald Kress und Hans Jakob, und seine früheren Mitspieler vom 1. FC Nürnberg.
Schüler, Jugendliche und sieben Spieler hielten – im Klubdreß – die Totenwache am Sarg, Vereinspräsident Walter Luther bezeichnete Stuhlfauth als »Botschafter des 1. FC Nürnberg«. Bundeskanzler Ludwig Erhard hatte ein Beileidstelegramm geschickt.

Ich habe mir den Bericht genau durchgelesen. Den älteren Fußballfreunden brauchte man nicht zu sagen, was und wer Heiner Stuhlfauth war. Aber ich war damals erst 22 Jahre und konnte mir nur schwer ein Bild von der Popularität Stuhlfauths machen, der zu seiner Zeit zu den besten Tormännern der Welt gehörte. Dabei hatte er mit Zamora, Planicka, Combi und Hiden reichlich Konkurrenz.

Heiner Stuhlfauth repräsentierte einen Typ von Torwart, den es heute nicht mehr gibt. Seine große Stärke war die Strafraumbeherrschung. Oft lief er bis zu 30 Meter aus dem Tor heraus und klärte brenzlige Situationen mit einer Fußabwehr. Gegen die Wucht, mit der der 1,87 Meter große Franke in allen Situationen eingriff, gab es für einen Stürmer kaum ein Rezept.

Show machte Heiner Stuhlfauth nicht. Er spielte ruhig, sachlich, vertraute seinem ausgezeichneten Stellungsspiel. Spektakuläre Sprünge oder Bodenakrobatik hatte er nicht nötig.

605 Spiele bestritt Stuhlfauth für den 1. FC Nürnberg, dem er nach seinem Wechsel im Jahre 1916 vom FC Pfeil Nürnberg 50 Jahre lang treu geblieben war. Siebenmal stand er mit dem Klub im Endspiel um die Deutsche Fußballmeisterschaft. Fünfmal gewann er den Titel. Und in keinem dieser Endspiele mußte er hinter sich greifen. Die SpVgg Fürth wurde mit 2:0 besiegt, Vorwärts Berlin 5:0, der Hamburger SV 2:0, der FSV Frankfurt 2:0 und Hertha BSC 2:0.

Zwischen 1920 und 1931 hütete Stuhlfauth, der gelernte Elektromonteur, in 21 Länderspielen das Tor der deutschen Nationalelf.

Eine seiner besten Leistungen im Dreß der Nationalmannschaft vollbrachte er im April 1929. In Turin standen sich Italien und Deutschland gegenüber. Die Deutschen gewannen mit 2:1. Ein Erfolg, der in erster Linie Stuhlfauth zu verdanken war. »Teufel im deutschen Tor« schrieb damals eine italienische Sportzeitung.

14 Gilmar dos Santos Neves (geb. 1930). Gilmar wurde 1958 und 1962 mit Brasilien, für das er 100mal spielte, Weltmeister.
15 Jan Tomaszewski (geb. 1948). Der Torwartriese spielte 65mal für Polen und wurde 1974 WM-Dritter und 1976 Olympiazweiter.
16 Ubaldo Fillol (geb. 1950). Fillol gewann 1978 mit Argentinien die Weltmeisterschaft.
17 Ivo Viktor (geb. 1942). Viktor wurde fünfmal zum »Spieler des Jahres« in der ČSSR gewählt. Er gewann 1976 im Spiel gegen Deutschland nach dramatischem Elfmeterschießen mit seiner Mannschaft die Europameisterschaft.

16

17

18 Jürgen Croy (geb. 1946). Croy stand 94mal für die DDR-Auswahl im Tor, so auch beim Spiel, das Deutschland während der WM 1974 in Hamburg mit 0:1 verlor. Er wurde dreimal zum »Spieler des Jahres« in der DDR gewählt.
19 Enver Maric (geb. 1948). Maric spielte in 32 Länderspielen für Jugoslawien. Er war WM-Teilnehmer 1974 und Europameisterschaftsteilnehmer 1972 und 1976. Nach einem nicht erfolgreich verlaufenen Gastspiel bei Schalke 04 kehrte er nach Jugoslawien zurück.

20 Vladimir Beara (geb. 1928). Beara, einer der elegantesten »Flieger«, wurde dreimal mit Hajduk Split und viermal mit Roter Stern Belgrad Jugoslawischer Meister.

21 Emerson Leao (geb. 1949). Leao bestritt 67 Länderspiele für Brasilien und nahm an den Weltturnieren 1970, 1974 und 1978 teil.

22 František Planicka (geb. 1904). Planicka wurde mit Slavia Prag neunmal ČSSR-Meister und sechsmal Pokalsieger.

Am 2. März 1930 spielte Heiner Stuhlfauth zum letztenmal für Deutschland. Wenig später räumte er auch seinen Posten beim 1. FC Nürnberg. Zusammen mit seiner Frau Liesl zog er sich als Wirt der historischen »Sebaldusklause« in die Nürnberger Altstadt zurück.
Daß sich in diesem Lokal fast alles um Fußball drehte, braucht man keinem zu erzählen. Mit vielen Anekdoten unterhielt Heiner Stuhlfauth seine Gäste aufs beste.
So konnte er auch über seine ersten Erfahrungen als Fluggast berichten. Normalerweise reiste man damals noch mit dem Zug. Ende der zwanziger Jahre ging Stuhlfauth allerdings in die Luft. Zusammen mit einem Nürnberger Mannschaftskameraden flog er von Nürnberg nach Karlsruhe. In 800 Metern Höhe setzte plötzlich der Motor aus. Unten nichts als endloser Wald.
Dem Piloten gelang es, gerade noch über die letzten Baumgipfel hinwegzusegeln und die Maschine auf einem Acker zu landen.
Schreckensbleich stieg Stuhlfauth aus dem Flugzeug, blickte sich um und sagte trocken: »Wenn wir jetzt einen Ball hätten, könnten wir Fußball spielen...«

Kaltblütigkeit und Eleganz – Willibald Kress

Heiner Stuhlfauths Nachfolger im Tor der deutschen Nationalmannschaft wurde Willibald Kress. Ein Mann, der mit dem langen Nürnberger eines gemeinsam hatte: Beide waren Meister des Stellungsspiels.
Willibald Kress, am 13. November 1906 im Frankfurter Stadtteil Bockenheim geboren, besaß darüber hinaus noch einige andere bemerkenswerte Eigenschaften. Abgesehen von seiner stoischen Ruhe, die bisweilen schon an Kaltblütigkeit grenzte, bestach Kress insbesondere durch seine Eleganz.

Deutsche Torhüter fielen sonst durch Robustheit, Mut, Entschlossenheit, Zuverlässigkeit auf. Kress besaß jedoch noch mehr. Sein Stil war gekennzeichnet von einer guten Portion Intuition und – wie gesagt – Eleganz. Was ihm den Spitznamen »der schöne Willibald« einbrachte.
Nach den Olympischen Spielen in Amsterdam war der damalige Reichstrainer Otto Nerz auf der Suche nach einem Stuhlfauth-Nachfolger. Am 10. Februar 1929 versuchte er es mit Kress. Nerz hatte eine glückliche Hand und Kress einen gücklichen Einstand. In Mannheim besiegte Deutschland die Schweiz mit 7:1.
Die nächsten beiden Spiele verliefen für Neuling Kress ebenso erfolgreich. In Köln wurde Schweden mit 3:0 besiegt und in Zürich die Schweiz mit 5:0. Nur ein Gegentor in drei Spielen – Kress schien erste Wahl zu sein.
Dann stand die Begegnung mit den Profis aus England an. Stuhlfauth, der lange verletzt gewesen war, meldete seine Ansprüche an. Reichstrainer Nerz entschied sich jedoch für Kress. Ein guter Griff.
Deutschland trotzte den Engländern in Berlin ein beachtliches 3:3-Unentschieden ab. Kress gehörte zu den besten deutschen Spielern. Keine Frage: Der Frankfurter war jetzt die Nummer eins.
1932 wurde er aufgrund einer dubiosen Affäre aus der Nationalelf verbannt. Wegen Verstößen gegen das Amateurstatut wurde Kress für zwei Jahre gesperrt. Er wich ins Ausland aus und gab ein Kurzgastspiel im französischen Mühlhausen.
Dann kam das Jahr 1934. Die Weltmeisterschaft in Italien stand vor der Tür. Für Deutschland war es das erste FIFA-Turnier. Der Verband steckte in einer Zwickmühle. Er brauchte Kress. Eine Lösung war schnell gefunden. Kress wurde vom süddeutschen Fußballverband begnadigt.
Willibald Kress bedankte sich auf seine Weise. In den WM-Spielen gegen Belgien und Schweden war er die Zuverlässig-

keit in Person. Beide Spiele wurden gewonnen. Erst im Halbfinale unterlag Deutschland der ČSSR mit 1:3. Der Sündenbock hieß Willibald Kress. Ihm war ein katastrophaler Fehler unterlaufen, den ihm Otto Nerz nie verzieh. Im Spiel um den dritten Platz wurde Kress bereits durch Hans Jakob ersetzt.
Auch für den DFB war der elegante Frankfurter endgültig »gestorben«. Gegen die ČSSR hatte Kress sein letztes von insgesamt 16 Länderspielen bestritten.
Nach der WM verließ Kress Frankfurt und fand in Dresden eine zweite Heimat. Während des Krieges feierte er zusammen mit dem späteren Bundestrainer Helmut Schön seine größten sportlichen Erfolge beim Dresdner Sportklub: Pokalsieger 1940 und 1941, Deutscher Meister 1943 und 1944.
Die Nachkriegsjahre verbrachte Kress dann wieder daheim in Hessen. Er schloß sich dem FSV Frankfurt an. Willibald Kress war damals bereits 42 Jahre alt.
Später arbeitete der diplomierte Sportlehrer als Trainer beim Hessischen Fußball-Verband, dann beim FSV Frankfurt, Wuppertaler SV und Wormatia Worms. Als »Retter in letzter Not« machte er sich einen Namen. Die von ihm trainierten Mannschaften mußten nie absteigen. Darauf war Willibald Kress mächtig stolz.

Der verhinderte Zehnkämpfer – Hans Jakob

Der lange Hans war ein prima Kerl. Die Betonung liegt auf Kerl. Wenn Hans Jakob, der »Kleiderschrank« aus Regensburg, seine berühmt-berüchtigten Ausflüge aus dem Tor unternahm, wurde den Gegnern meist angst und bange.
Mut, Entschlossenheit, Einsatz und eine unerschütterliche Ruhe, das waren die Markenzeichen Jakobs. Wenn er sich ins Getümmel warf und mit voller Wucht und beiden Fäu-

sten den Ball bis zu 40 Meter aus der Gefahrenzone beförderte, dann schonte er weder sich noch andere. Hans Jakob war eben ein Kerl. Typen wie er gibt es heutzutage kaum mehr. Leider.

Ich habe Hans Jakob mehrmals getroffen. Vor einigen Jahren besuchte er noch fast jedes Heimspiel des FC Bayern. 57 Jahre lang hält er schon dem SSV Jahn Regensburg die Treue, doch seine heimliche Liebe gehört den Bayern. Bei denen spielte Hans Jakob auch eine Zeitlang im Tor. Das war zwischen 1942 und 1950. Damals wurde Jakob dienstlich nach München versetzt.

Begonnen hat Hans Jakob seine Sportlerkarriere nicht mit dem Fußball, sondern bei der Leichtathletik. Mit 15 Jahren war er bereits Jugendmeister im Hochsprung. Mit 20 lief er die 100 Meter in 11,0 Sekunden, sprang 6,80 Meter weit und 1,84 Meter hoch. Die bayerische Seniorenmeisterschaft über 110 Meter Hürden gewann er in 16,1 Sekunden.

»Damals wollten sie aus mir einen Zehnkämpfer machen«, hat Hans mir mal erzählt. »Aber das war mir zuviel. Ich ging lieber ins Fußballtor, da war's gemütlicher.«

Zunächst mußte sich Jakob allerdings gegen seine Eltern durchsetzen. Sie wollten mit Fußball nichts zu tun haben. Die ersten Fußballschuhe sparte er sich selbst zusammen. Nach der Schule sammelte er am Hafen altes Eisen und verkaufte es an einen Altwarenhändler. Als er genug Geld beisammenhatte, kaufte er sich Fußballstiefel.

Den Eltern paßte das überhaupt nicht. Zunächst versteckte die Mutter die Schuhe. Schließlich verfeuerte sie der Vater sogar im Küchenofen.

Dieses Unglück war vergessen, als er sich mit 12 Jahren einem Sportverein anschließen durfte. Dem Turnverein 1861, der später in den 1. FC Regensburg umbenannt wurde. Hier wurde Hans Jakob dann durch Zufall Fußballtorwart und blieb es.

Aus den Reihen von Jahn Regensburg startete Jakob dann

seine große internationale Karriere. Sie begann am 2. November 1930 in Breslau, wo er beim 1:1 gegen Norwegen erstmals als Nationaltorwart eingesetzt wurde.
Trotz der scharfen Konkurrenz von Willibald Kress wurde Hans Jakob bald Deutschlands Torwart Nummer eins. 1934 half er beim 3:2 über Österreich entscheidend mit, den dritten Platz bei der Weltmeisterschaft in Italien zu erringen. 1935 riß er in London selbst die kühlen Engländer zu Begeisterungsstürmen hin. (Das Spiel ging allerdings mit 0:3 verloren.) Und 1937 führte er in Amsterdam als Kapitän die Westeuropaauswahl an, die Mitteleuropa mit 3:1 besiegte.
38 Länderspiele bestritt Hans Jakob im Zeitraum von 1930 bis 1939. Nur Hans Tilkowski, ich selbst und jetzt der »Toni« Schumacher haben ihn an Berufungen für die deutsche Nationalmannschaft übertroffen.
Hans Jakob hat noch heute einen guten Kontakt zur Nationalmannschaft. Der damalige Bundestrainer Jupp Derwall schickte ihm zu seinem 75. Geburtstag im vergangenen Jahr einen langen Brief, und Fritz Walter ließ sogar ein paar Kisten Sekt nach Regensburg liefern.
Die Verbindung zu Jahn Regensburg beschränkte sich in den letzten Jahren nur noch aufs Zuschauen. »Ich habe ihnen meine Hilfe angeboten«, hat Hans mir gesagt. »Aber die sind ja alle viel klüger als ich. Die Zeiten haben sich halt geändert.«
Bei Jahn hätten sie damals als Spieler keine müde Mark bekommen. »Nach dem Spiel gab's vielleicht mal eine Brotzeit. Und in der Nationalelf erhielt man 4,50 Mark Spesen pro Tag. Das war alles. Heutzutage werden für einen Spieler Millionen bezahlt. Da komme ich einfach nicht mehr mit.«
Die Zeiten haben sich eben geändert.

110 Mark für den englischen Cupsieg – Bernd Trautmann

Anfang 1955. Die deutsche Nationalmannschaft ist zu Gast in England. Ein Freundschaftsspiel steht auf dem Programm. Einen Tag vor der Partie inspizieren Trainer Sepp Herberger und Jupp Posipal, der Verteidiger aus Hamburg, den »heiligen« Rasen im Londoner Wembley-Stadion.

Noch ein dritter Mann war dabei: Bernd Trautmann. Der deutsche Torwart in Diensten von Manchester City stand Herberger als Ratgeber zur Seite.

Bevor die drei den Platz verließen, stellte sich Trautmann ins Tor. »Ein einziges Mal hier in Wembley spielen zu können, das wäre der Höhepunkt meiner Laufbahn«, sagte der gebürtige Bremer damals.

Wenige Monate später erfüllte sich sein Traum. Manchester City hatte das englische Cupfinale erreicht. Trautmann hielt phantastisch. Doch der Pokal ging nach einem 3:1-Sieg an Newcastle.

Am Tag nach dem Endspiel klingelte in Groß-Sachsen an der Bergstraße pausenlos das Telefon. Englische Zeitungsreporter bestürmten den Bundestrainer. Ob es eine Chance gäbe, Trautmann in die deutsche Nationalmannschaft zu holen? wollten sie von Herberger wissen.

Eine Frage, die Herberger damals ebensowenig beantworten konnte wie die gesamte Fußballnation. »Warum eigentlich nicht«, sagten die einen, »Verrat an Deutschland« die anderen.

Bernd Trautmann, der nach dem Zweiten Weltkrieg in England in Kriegsgefangenschaft geraten war, wäre damals lieber heute als morgen nach Deutschland zurückgekehrt. Doch Trautmann war an seinen englischen Klub gebunden. 400000 Mark war der »German« Manchester wert. Kein deutscher Verein war damals in der Lage, so viel Geld auf den Tisch zu blättern.

An diese unglückseligen Folgen hatte Bernd Trautmann natürlich nicht gedacht, als er am 1. August 1949 seinen Vertrag in Manchester unterschrieb.
England hatte seine Sensation. Ein »prisoner of war« – »Kriegsgefangener« – aus dem »Camp 50« in Wigan bei Liverpool wurde Torwart bei einem englischen Verein. Und zudem noch Nachfolger des legendären Frank Swift.
40000 Engländer gingen damals auf die Straße und drohten mit einem Boykott der Heimspiele von Manchester City, wenn der Klub den »bloody German« ins Tor stellen würde. Die Vereinsführung bekam eine Unmenge von Protestbriefen. Doch der Vertrag wurde unterzeichnet. Nicht zuletzt, weil Frank Swift ein gutes Wort für Trautmann eingelegt hatte.
Bernd Trautmann, ein zuverlässiger und ruhiger Vertreter seines Fachs, wurde zu einem der populärsten Fußballer auf der Insel.
1956 avancierte Trautmann sogar zum Helden. Im englischen Cupfinale, das Manchester mit 3:1 gegen Birmingham gewann, brach er sich bei einer gewagten Parade einen Halswirbel. Eine Auswechslung war nicht erlaubt. Trautmann spielte durch. Fünf Monate lang trug er dann ein Gipskorsett von der Gürtellinie bis zum Kopf. Zwei Monate darauf stand er wieder im Tor.
»Damals bekam ich pro Woche etwa 200 Mark und für den Cupsieg 110 Mark«, erzählte Trautmann später. 1960 wurde der Mann mit dem deutschen Paß zum »Fußballer des Jahres« in England. Eine Auszeichnung, die ihn neben der sportlichen Anerkennung zum beliebtesten deutschen Botschafter in Großbritannien machte.
1964 beendete Trautmann seine aktive Laufbahn. 53000 Zuschauer verabschiedeten ihn bei seinem letzten Spiel. Danach begann er eine zweite Fußballkarriere. Zunächst als Manager und Trainer beim viertklassigen Verein Stockport County. 1966 berief ihn der Deutsche Fußball-Bund zum

Teamattaché der deutschen Mannschaft während der Weltmeisterschaft in England.
Danach kehrte er nach Deutschland zurück. Beim Hamburger SV war Bernd Trautmann als Manager im Gespräch. Der HSV zog jedoch Georg Knöpfle vor. Trautmann unterschrieb dann einen Trainervertrag bei Preußen Münster. Hier hatte er jedoch ebensowenig Erfolg und Glück wie später bei Opel Rüsselsheim.
Seit 1971 war er dann nur noch als Entwicklungshelfer in Sachen Fußball unterwegs. Mit Erfolg. Mit der Nationalmannschaft von Birma gelang ihm die Teilnahme an den Olympischen Spielen 1972 in München. Liberia und Tansania waren die nächsten Stationen. Und mit 60 Jahren erteilte er dann den Pakistani Fußballunterricht.

Der »Fußballgott« – Toni Turek

Toni Turek und mich verbindet etwas höchst Erfreuliches. Wir beide sind bisher die einzigen deutschen Torhüter, die Weltmeister wurden.
Ich habe Toni bewundert, damals, als er in Bern Weltmeister wurde. Meine Familie gehörte zu den wenigen »Auserwählten«, die bereits einen Fernseher besaßen. Der Jubel war unbeschreiblich, als Deutschland mit 3:2 gegen Ungarn gewann. Turek hat damals riesig gehalten.
Ich bewundere Toni Turek noch heute. Weil er sein Schicksal, seine schwere Krankheit, bis zu seinem Tod so großartig gemeistert hat.
Im Juli 1984 feierten die Weltmeister von 1954 ihr »Dreißigjähriges«. Wie gerne wäre Turek dabeigewesen, vor allem, um den Freund Fritz Walter wiederzusehen.
Irgendwie, so hat Toni Turek einmal gesagt, hätten sie schon immer ein besonderes Verhältnis zueinander gehabt, der Fritz und er. Es gibt ein Foto, das zeigt Fritz Walter und

Toni Turek bei der Siegerehrung nach dem 3:2 über die bis dahin in 40 Länderspielen ungeschlagenen Ungarn. Fritz Walter hält in seiner rechten Hand die WM-Trophäe. Seine linke Hand umklammert Tonis rechte.
Zwei Weltmeister Händchen haltend. Heutzutage unvorstellbar. Damals war es möglich. Sepp Herberger und sein »Männerorden«. Ehe man auf den Platz ging, versammelte man sich in der Kabinenmitte, bildete einen Kreis, reichte sich die Hände und schwor, daß jeder seine ganze Kraft bis zur letzten Minute einsetzen wolle.
Eine ideale Gemeinschaft. Kein Neid, kein Konkurrenzdenken. Einer für alle, alle für einen. Eine schöne Zeit war das. Sepp Herberger hatte alles im Griff. Er hatte diese verschworene Truppe geformt.
»Daß wir Frauen brauchten oder haben müßten, kam keinem in den Sinn«, erzählte Turek einmal. »Geld war auch nicht im Spiel. Keiner mußte sich sorgen, ob er nun 80000 Mark bekommt oder nicht. Wir waren die blutigen Außenseiter und hatten nichts zu verlieren.«
Streß, Leistungsdruck und auch Motivation waren Worte, die damals unbekannt waren. Belastungen war der »Männerorden« dennoch ausgesetzt. Schon im Trainingslager in München hatte Herberger die 22 Spieler in seinen Plan eingeweiht, im ersten Spiel gegen die Ungarn eine Reservemannschaft aufzubieten. Niemand machte den Mund auf. Bis unmittelbar vor dem Spiel blieb der Plan geheim.
Mit dem Namen Toni Turek verbindet sich auch der inzwischen Geschichte gewordene Lobgesang des Rundfunkreporters Herbert Zimmermann: »Toni, du bist ein Fußballgott.« Millionen hörten das damals an den Radios. Die Reportage wurde sogar noch in Platten gepreßt.
Turek war das Ganze eher peinlich. Ob man nun als Star galt oder nicht, das war genausowenig ein Thema wie die Frage, was ihnen der Sieg in Bern eingebracht hatte.
Was hatte der 4. April 1954 für Folgen? Werner Kohlmeyer

stand am Ende vor dem Ruin, Ottmar Walter erlebte Verzweiflung und Depression bis hin zum Selbstmordversuch, Hans Schäfer und Max Morlock erreichten Wohlstand, Fritz Walter dauerhaften Ruhm, die anderen zufriedenes Leben und Helmut Rahn hunderttausend und noch mehr Glas Freibier.

Und Toni Turek? »Mir hat er ein zweites Leben geschenkt. Ohne den Sieg wäre ich heute nicht mehr«, soll er einmal gesagt haben, als er noch lebte.

Turek wäre heute 65. Als er 54 Jahre alt war, führte er ein zufriedenes Leben. Abteilungsleiter bei der Düsseldorfer Rheinbahn, eigenes Reihenhaus, glückliche Familie mit Sohn und Tochter. Eines Sonntagmorgens wollte er aufstehen und konnte nicht mehr.

Über Nacht war Turek gelähmt geworden. Von der Körpermitte bis hinunter zu den Zehenspitzen. Der »Held von Bern« schien verloren. Lange lag er im Krankenhaus. Komplikationen traten ein, Embolien, die Milz wurde entfernt, ein Stück des Magens. Zwei Monate lag er auf der Intensivstation, von 180 auf 90 Pfund abgemagert.

Drei Jahre später konnte Turek wieder aufrecht stehen und am Stock 100 Meter weit gehen. Bald schaffte er es sogar, die paar 100 Meter vom Parkplatz zur Tribüne im Rheinstadion zu gehen, um ein Spiel der Düsseldorfer Fortuna zu sehen.

Anfang 1984 dann der Rückschlag. Herzinfarkt. Wenige Tage später wird er am Herzen operiert, aber Toni schaffte es nicht mehr. Am 11. Mai dieses Jahres starb er im Krankenhaus von Neuß.

Toni Turek, ein typischer Vertreter des ruhigen und nüchternen Torwarts, war ein Spätzünder. Erst mit 31 Jahren feierte er sein Debüt in der Nationalmannschaft. Schuld daran waren freilich auch die Verhältnisse nach dem Krieg. Erst am 12. November 1950 durchbrach die Schweiz den Boykott gegenüber dem Deuschen Fußball-Bund und trat als erster

Länderspielgegner nach dem Krieg in Stuttgart gegen Deutschland an. Deutschland siegte mit 1:0. Turek spielte so wie in seinen weiteren 19 Länderspielen: hervorragendes Stellungsspiel, verblüffende Reaktionen auf der Linie.
Toni Turek begann seine Torhüterkarriere beim Amateurklub Duisburg 1900. Während des Krieges spielte er beim SSV Ulm 1946. Nach einem Kurzgastspiel bei Eintracht Frankfurt landete er schließlich bei Fortuna Düsseldorf.
Abschied vom Tor nahm Turek allerdings beim rheinischen Rivalen Borussia Möchengladbach. Weil die Fortuna dem mittlerweile 39jährigen keinen neuen Vertrag mehr geben wollte, wechselte Toni aus Verärgerung auf die andere Rheinseite.
Doch nach einer Saison zog er endgültig den Torwartpullover aus. Danach kümmerte er sich als Trainer um einige Amateurvereine im Düsseldorfer Raum.
Bis zu jenem Sonntag im Jahre 1973, als aus Toni Turek, dem Kraftpaket, ein armer, kranker Mann wurde.

Schweigen im Walde – Hans Tilkowski

Irgendwo in seinem Haus in Herne steht eine Kiste herum, in die Hans Tilkowski seine Karriere eingepackt hat. Medaillen, Urkunden und Zeitungsausschnitte mit allem Lob und Tadel hat er sorgsam verstaut. »Ich muß mir das nicht alles an die Wand pappen«, hat er gesagt. »Die Erinnerungen hat man im Kopf, und nur dort nützen sie einem.«
Was alles in der Kiste drin ist? 39 Länderspiele in der deutschen Nationalmannschaft zwischen 1957 und 1967, Vizeweltmeister 1966, Europapokalsieger der Pokalsieger 1966 mit Borussia Dortmund, Fußballer des Jahres 1965, Deutscher Pokalsieger 1965. Er stand bei SV Husen 19, SUS Kaiserau, Westfalia Herne, Borussia Dortmund und Eintracht Frankfurt im Tor. Dann trainierte er nacheinander

Werder Bremen, 1860 München, den 1. FC Nürnberg, wieder Werder und schließlich den 1. FC Saarbrücken.
Hans Tilkowski, 1935 im Kohlenpott, genauer gesagt in Herne, geboren, war ein deutscher Torwart. Von der Mütze bis zur Schuhsohle. Sachlich, kühl bis ins Herz. Ruhig und nüchtern, ein solider Handwerker. Ein Torwart ohne Schnörkel. Und ohne Ausstrahlung.
Hans Tilkowski gab den Zuschauern wenig und seiner Mannschaft viel, so formulierte einmal ein Journalist. Ich muß ihm recht geben.
1966 war ich zum erstenmal bei einer Weltmeisterschaft dabei. Günter Bernhard aus Bremen und ich waren »Ersatz«. Nummer eins war Hans Tilkowski.
Während der ganzen Weltmeisterschaft habe ich keine fünf Minuten mit »Til« gesprochen. Man hat schon mit ihm reden können, aber das ging dann so: Ich habe etwas gesagt, und dann war's still. Es kam einfach keine Resonanz. Geantwortet hat »Til«, aber von sich aus hat der kein Wort gesagt. Da hat's irgendwie bei ihm gefehlt.
Tilkowski hat sich fast nur mit Spielern wie Schnellinger, Haller, Brülls oder Seeler abgegeben. Da hat er sich anscheinend wohl gefühlt, bei uns jungen Spielern hat er sich nie blicken lassen.
Warum Tilkowski so verschlossen, manchmal sogar stur war? Ich glaube, Hans war viel zu sehr mit sich selbst beschäftigt.
Es gab damals den großen Konkurrenzkampf zwischen »Til« und mir. Der wurde vorwiegend in der Presse ausgetragen. Ich hatte eine Supersaison hinter mir. Alle Zeitungen haben gerätselt, ob es dem Tilkowski in England nicht wieder so ergeht wie 1962 in Chile, als er hinter Wolfgang Fahrian nur Ersatz war.
»Sepp in Superform. Die Nummer eins im deutschen Tor.« – Schlagzeilen vor dem WM-Turnier. »Til« war ganz schön sauer auf mich, obwohl ich nichts dafür konnte.

Ich habe mich nie abfällig über Tilkowski geäußert, auch nie Anspruch auf das Trikot mit der Nummer eins erhoben. Ich bin mit nach England gefahren, weil ich etwas lernen wollte. Dabeizusein, damit war ich zufrieden. Aber »Til« hat in mir wohl immer den bösen Rivalen gesehen.
Im Vorbereitungslager in Malente beendete Helmut Schön das wochenlange Theater. »Der Til steht die ersten Spiele im Tor und damit basta«, sprach der Bundestrainer ein Machtwort.
Nach acht Tagen in England habe ich mir dann beim Training die Mittelhand gebrochen. Da war es mit mir sowieso aus.
Meine Zeit kam ja noch. Mit dem Finale von Wembley neigte sich Tilkowskis Karriere dem Ende zu. Sein letztes Länderspiel gegen Albanien in Dortmund war ein Geschenk des Bundestrainers. »Til« bestritt sein 39. Länderspiel und stellte damit einen neuen Rekord als Nationaltorwart auf. Den alten hatte bis zu diesem Zeitpunkt Hans Jakob mit 38 Länderspielen gehalten.
Hans Tilkowski war ein kühler Typ, daher bin ich mit ihm nie so richtig warm geworden. »Til« war ehrgeizig, wußte aber, daß er seine Grenzen hatte. Er war zuverlässig, hat aber selten spektakuläre Bälle gehalten. Daß er mal einen Ball aus dem Winkel holte, kam bei ihm so gut wie nie vor.
Hans Tilkowski war ein Torwart ohne Feuer, ohne Temperament, ohne Ausstrahlung. Seine Popularität ist denn auch nie besonders groß gewesen.

Die Null-Nummer – Dino Zoff

Nachdem feststand, daß der Weltmeister Italien bei der diesjährigen Europameisterschafts-Endrunde in Frankreich nicht dabeisein würde, tat Nationaltrainer Enzo Bearzot etwas, was eigentlich gar nicht seine Art ist: Er verjüngte die Nationalmannschaft.

Eines seiner ersten »Opfer« war Dino Zoff. Italiens Torhüter durften endlich aufatmen. Mehr als ein Jahrzehnt hatten sie im Schatten von »Dino Nazionale« gestanden. 112mal hatte Zoff das Tor der italienischen Nationalmannschaft gehütet.

Dino Zoff, das Fußballdenkmal zu Lebzeiten, ein Torhüter, dem keiner das Wasser reichen kann. Wie sollten andere drankommen, wenn alle Torwarttalente im Schatten des »Alten« verkümmern mußten?

Dinos Markenzeichen, sein grauer Pullover, kann Geschichten erzählen. Zoff wurde am gleichen Datum wie ich geboren, am 28. Februar. Allerdings ist Dino zwei Jahre älter. Von seiner Geburtsstadt Mariano del Friuli zog es ihn schon als 15jährigen nach Udine. Mit 19 stand er im Tor der ersten Mannschaft des AC Udinese.

1963 wechselte er nach Mantua. Dann folgte Neapel und 1972 Juventus Turin. 2,2 Millionen Mark hatte der SC Neapel als Ablöse für Zoff kassiert.

Dino war mittlerweile längst im Team der »Squadra azzurra«. Sein Start im Nationalteam am 20. April 1968 hatte bereits das Merkmal, das ihn berühmt machte: kein Gegentor. Italien besiegte Bulgarien mit 2:0.

Die Nummer eins war jahrelang die absolute Null-Nummer unter den Torhütern der Welt.

Bis zum 20. September 1972, kurz vor 18 Uhr, war Zoff ein Fußballtorwart wie jeder andere. Italien gewann ein Länderspiel gegen Jugoslawien mit 3:1. Ein Spieler namens Vukotic hatte ihn bezwungen. An diesem Tag allerdings begann für Dino Zoff eine Zeit, in der er nicht mehr ein Torwart wie jeder andere war.

In den folgenden elf Länderspielen hintereinander hielt Dino sein Tor sauber. Darunter waren immerhin Begegnungen gegen Deutschland, Brasilien und England.

Man begann die Spiele zu zählen, die Stunden, die Minuten, die Zoff ohne Gegentor blieb.
Als die Italiener am 15. Juni 1974 ins Münchner Olympiastadion einzogen, um ihre ersten Punkte bei der Weltmeisterschaft zu holen, hatte das Los die Mannschaft aus Haiti zum Gegner bestimmt.
Haiti – das ist Karibik, Palmen, bunte Farben. Aber bestimmt nicht Fußball. In der ersten Minute der zweiten Halbzeit erhielt ein Mann namens Emmanuel Sanon an der Mittellinie den Ball, rannte wie um sein Leben, wurde am Trikot festgehalten, riß sich los, stürmte mit dem Ball auch an Zoff vorbei und schob das runde Leder ins leere Tor.
Genau 1143 Länderspielminuten waren seit jenem Septembertag 1972 vergangen oder ca. 19 Stunden. Dino Zoff, die Null-Nummer, war entzaubert. Italien gewann das Spiel noch mit 3:1. Und Zoff sagte später erleichtert: »Endlich bin ich wieder ein normaler Mensch mit zwei Beinen, zwei Armen und einem Kopf. Ein Torwart wie andere auch.«
Fast noch beeindruckender ist Zoffs Langzeitrekord. In 21 Spielzeiten seiner Erstliga-Karriere zwischen 1961 und 1982 mußte er nur 402 Tore hinnehmen. Das sind im Durchschnitt 19 pro Jahr. Das ist aber auch das einzig Durchschnittliche an Dino.
Dino Zoff, der Mann mit den langen Armen und der langen Laufbahn, ist eine Ausnahmeerscheinung. Mehr als tausend Liga- und Pokalspiele, Freundschafts- und Auswahlspiele bestritt er. 1968 gewann er die Fußball-Europameisterschaft, 1977 mit Juventus den UEFA-Pokal. Bei der Weltmeisterschaft 1978 in Argentinien wurde er mit den »Azzurri« Vierter. Vier Jahre später dann in Spanien die Krönung seiner Karriere: Italien wurde Weltmeister.
Trotz seiner einmaligen Laufbahn stand Dino Zoff meist im Schatten der großen Stürmerstars. Das Los eines Torwarts? Entschädigung für entgangene Popularität erhielt der schweigsame Dino auf besondere Art. 1968 erschien sein

Konterfei auf der Titelseite des amerikanischen Nachrichtenmagazins »Newsweek«. Es gibt nur wenige Sportler der Welt, denen gleiche Ehre zuteil wurde.
Dino Zoff war ein »unitalienischer« Torhüter. Keine Spur von billiger Schau und überflüssigen Paraden. Dino war der ruhende Pol innerhalb seiner Mannschaft. Die Nüchternheit und Sachlichkeit in Person.
Natürlich hatte er das Temperament eines Italieners. Er verstand es jedoch, seine Gefühle im Griff zu behalten. Nur in seinen letzten Spielen, da habe ich einen ganz anderen Zoff erlebt. Da hat er geschimpft und rumgemeckert. So etwas kannte ich überhaupt nicht von ihm. Wahrscheinlich war er mit sich selbst unzufrieden.
Nach der Weltmeisterschaft 1970 habe ich Dino einmal privat getroffen. Er und seine Familie machten im selben Ort auf Sardinien Urlaub wie ich. Zoff, seine Frau Anna Maria und sein Sohn Marco wohnten im Hotel nebenan.
Jeden Tag haben wir uns gesehen. »Servus, Dino«, habe ich gesagt. Aber Dino sprach nur italienisch, und ich verstand nichts. Das war ohnehin nur so ein Geplänkel über den Zaun hinweg.
Aus dem Treffen ist dann eine mittlere Bekanntschaft geworden. Mehr leider nicht. Das Sprachproblem hat das Zustandekommen einer echten Freundschaft verhindert.

Die Helden der Bundesliga

Jean-Marie Pfaff: Ein Lächeln kostet nichts

Ich bin Belgier. Aber in München, da fühle ich mich zu Hause. Natürlich fahre ich immer wieder gern in meine Heimat nach Beveren zurück. Da bin ich verwurzelt, auch und vor allem wegen der Menschen.
Für mich schließen sich echtes Profitum und wirkliche Mitmenschlichkeit nicht aus.
Menschlichkeit scheint in unserem Beruf – so kommt es mir manchmal vor – wohl ein Fehler zu sein. Heutzutage gilt nur die Gegenwart, was in der Vergangenheit liegt, interessiert niemanden. Aber warum sollte ich verschweigen, daß ich sehr mit meiner Familie verbunden bin, daß ich meinen Vater geliebt habe. Und daß ich nicht eben aus einem »reichen Hause« komme. Das habe und werde ich nie vergessen.
So ist vielleicht auch meine Popularität zu erklären. Die Fans spüren, daß ich einer von ihnen bin, daß ich nicht auf dem hohen Roß sitze, sondern mitten unter meinen Anhängern stehe. Und die Fans spüren, daß ich sportlich hart arbeite.
Als ich noch nicht lange in München war, haben die Leute gesagt, ich würde bewußt meinen Vorgänger Sepp Maier kopieren – als Torwart-Clown und Showtalent. Das stimmt nicht. Ich spiele keine Rolle. Ich *bin* ein fröhlicher Mensch. Wenn mich jemand grüßt, grüße ich zurück. Und wenn ein Vater wünscht, daß ich mich mit seinem Sohn fotografieren lasse, dann tue ich das. Und lächle dabei, ein Lächeln kostet schließlich nichts.
Ich kann mich noch gut an unser Spiel in der letzten Saison gegen den VfB Stuttgart erinnern. Ein ganzer Bus mit Fans

aus Belgien hatte sich für diesen Bundesligaschlager angekündigt. Ich habe sie nach dem Spiel eingeladen, sie waren alle bei mir zu Hause. Ein paar haben sogar bei mir übernachtet.

Ich schäme mich nicht, an das Gute im Menschen zu glauben. Das Gute, die Menschlichkeit sollte man auch im Fußball nicht vergessen. Die Spieler sind eine Gemeinschaft. Wir sitzen in einem Boot, wir ziehen an einem Strang.

Veraltete Vorstellungen? Für mich nicht. Vielleicht hängt das mit meiner Kindheit zusammen, in der die ganze große Familie zusammenstehen und sich gegenseitig helfen mußte – vor allem, nachdem mein Vater gestorben war. Wenn wir durchkommen wollten, mußten wir zusammenhalten. An einem Strang ziehen. Das war uns allen klar.

Meine Kindheit war nicht gerade leicht. Als ich 14 Jahre alt war, habe ich in einer Teppichfabrik gearbeitet; die Webmaschinen geölt und geputzt. Zwei Jahre bin ich dort geblieben. Dann haben sie mich rausgeworfen. Das kam so: Während der Arbeit war mir ein schweres Stück Eisen auf den Fuß gefallen. Ich wurde krankgeschrieben. Ich bin aber mit unserer Jugendmannschaft zu einem Turnier gefahren und habe dort so gut gehalten, daß zu Hause nicht nur in Beveren die Zeitung darüber berichtete. Das bekam man in der Firma und bei der Krankenversicherung mit. Daraufhin durfte ich meine Papiere abholen.

Wenig später fand ich einen neuen Job. In einer Molkerei arbeitete ich an einer Maschine, die Milchtüten verschließt. Vier Monate habe ich es dort ausgehalten. Dann ging ich zur Post. Briefe sortieren, Päckchen stapeln. Ein wichtiger Job für den Fußball, denn mein Hauptberuf war eigentlich schon der Fußball.

Zu dieser Zeit stand ich bereits im Tor der ersten Mannschaft des SK Beveren. Aber das Geld reichte natürlich hinten und vorne nicht. Deshalb begann ich eine Lehre als Bankkaufmann. Nach drei Jahren machte ich die Prüfung.

Mittlerweile spielte aber der Fußball schon die Hauptrolle in meinem Leben. 304 Spiele habe ich bei SK Beveren im Tor gestanden. Mein Verein hatte Erfolg. Zweimal wurde ich mit ihm belgischer Meister, einmal Pokalsieger. Auch ich konnte mich nicht beklagen. In Belgien war ich bald ein bekannter Torwart. 1978/79 wurde ich zum Fußballer des Jahres in Belgien gewählt, 1984 zum beliebtesten Spieler Belgiens. 44 Länderspiele habe ich mittlerweile mit dem belgischen Team bestritten. Wir wurden Vize-Europameister 1980.

Das meiste habe ich mir selbst erarbeitet. Ich habe mich nach meinen ganz persönlichen Vorstellungen entwickelt. Ich wollte ein pflichtbewußter Fußballer sein.

Ich habe mir damals sooft wie möglich meine Torwartkollegen im Fernsehen oder im Stadion angesehen, um zu lernen. Als Tormann muß man sogar manchmal seinen Trainern das Fingerspitzengefühl beibringen, das sie für ein Torwarttraining brauchen; jedenfalls vernünftig zusammenzuarbeiten ist nötig. Dabei haben wir Fußball auf der Straße gelernt – als Kinder, mit vielen zerrissenen Hosen.

»Augen und Ohren auf«, lautete damals mein Wahlspruch. Ich habe immer selbst nach Möglichkeiten, mein Können zu verbessern, Ausschau gehalten. Danach lebe ich auch heute noch: hören, sehen – und nicht immer gleich den Mund aufreißen.

Wie ich mich damals fitgehalten habe, weiß ich noch genau. Zwei meiner sechs Schwestern mußten schon um fünf Uhr in der Frühe aufstehen, um zur Arbeit zu fahren. Da bin ich auch raus aus den Federn und habe sie begleitet. Ich bin nebem dem Bus, der sie zur Arbeitsstelle brachte, hergelaufen. Habe zwischendurch auf der leeren Straße meine gymnastischen Übungen gemacht. Und dann zurück nach Hause. Einsam und allein auf der Straße.

Nach der Weltmeisterschaft 1982 in Spanien bin ich dann zu Bayern München gegangen. In Italien und Spanien hätte ich mehr Geld verdienen können. Aber die Bayern haben mir

ein gutes Angebot gemacht, und die Leute dort gefielen mir. Außerdem war ich schon immer ein Bayern-Fan.
Der Anfang beim FC Bayern war nicht einfach. Neue Kameraden, ein neuer Trainer, ein ungewohntes Umfeld. Ein Jahr später zusätzliche Probleme: Paul Breitner beendete seine Karriere. Die Mannschaft mußte neu formiert werden. Dann immer wieder Verletzungen. Unsere Truppe mußte ständig umgestellt werden.
Das waren Schwierigkeiten, die auch ich als Torwart sehr zu spüren bekam. Wenn ständig andere Leute vor dir spielen, kommt es nie zu einem blinden Verständnis untereinander.
Aber wenn du in eine Mannschaft kommst, in der alles in Ordnung ist, dann kommst du in ein Paradies. So war es früher beim FC Bayern, als Sepp Maier seine Laufbahn beenden mußte. Für Walter Junghans oder Manfred Müller war es kein großes Problem, seine Nachfolge anzutreten. Dafür hatte Sepp gesorgt. Maiers Erbschaft war gut geordnet. Was die Erben daraus machten, ist was anderes.
Was Sepp damals geschafft hat, das will ich jetzt auch bei den Bayern erreichen. Fünf Jahre brauche ich dazu. Und wenn dann ein neuer Torwart kommt, hat der hoffentlich keine Probleme. Vielleicht braucht er sich nur in ein gemachtes Nest zu setzen.
Solange mich die Bayern haben wollen, bleibe ich. 1985 läuft mein Vertrag aus. Vier Jahre möchte ich dann gern noch dranhängen. Und wenn nichts schief läuft, werde ich meine Karriere in München beenden.
Sollte nichts daraus werden, dann geht für mich die Welt auch nicht unter. Ich habe immer gesagt, meine Familie, meine Kinder gehen vor. Vielleicht spiele ich dann noch hier und da.
Fußball bedeutet mir nicht alles. Gesundheit für mich und die Familie und Freiheit sind für mich wichtiger. Wichtiger auch als Geld. Ich bin zufrieden, mit dem, was ich habe. Ich

bin froh, daß ich lebe und daß ich mein Leben so lebe, wie ich es will und für richtig halte. Da lasse ich mir von anderen nicht dreinreden.
Reichtum ist eine feine Sache. Ich gönne ihn jedem. Aber ich meine, wenn einer früher arm war, muß er später nicht immer mehr als andere haben wollen.
Fußball ist nicht alles. Da liege ich mit Sepp Maier auf einer Wellenlänge. Sepp ist ohnehin mein großes Vorbild. So richtig erlebt habe ich ihn erstmals am Fernsehschirm. Das war während der Weltmeisterschaft 1974. Beim Finale gegen die Holländer fieberte ich mit ihm und war am Ende glücklich, daß er den Titel gewonnen hatte.
Sepp Maier war wohl einer der größten Torhüter, die es gegeben hat. Seine Nachfolger in der Nationalmannschaft konnten ihm jedenfalls nicht das Wasser reichen. Ob sie nun Norbert Nigbur, Wolfgang Kleff, Bernd Franke oder Dieter Burdenski hießen.
Auch Harald Schumacher erreicht nicht Maiers Klasse. Aber der »Toni« ist zu Recht die Nummer eins in Deutschland. Er ist der bisher beste Nachfolger vom Sepp.
Derzeit hat Schumacher allerdings keine allzu starke Konkurrenz zu fürchten. Wenn ich Deutscher wäre, müßte er sich allerdings ganz schön anstrengen. Aber ich bin Belgier.

Pech in der Liebe... – Norbert Nigbur

»Comeback« steht in fetten Buchstaben über dem Zeitungsartikel vom Februar 1984 über Norbert Nigbur, den sechsmaligen deutschen Nationaltorwart, einen Torwart, der als Nachfolger von Sepp Maier auserkoren schien. Private Probleme ließen die mögliche Traumkarriere Nigburs jedoch scheitern.
Am 5. Februar 1984 versuchte sich Norbert Nigbur jeden-

falls wieder im Tor, nachdem er im Oktober 1982 seinen letzten Auftritt in der Bundesliga gehabt hatte. Das war beim 2:2 des FC Schalke 04 gegen den Karlsruher SC. Jene beiden Mannschaften, die am Ende der abgelaufenen Saison 1983/84 wieder den Aufstieg in die Eliteklasse geschafft haben.

An jenem Sonntag im Februar hütete Norbert Nigbur das Tor des westfälischen Amateurvereins VfB Hüls. Rund zehn Jahre früher hatte er sein erstes Länderspiel für Deutschland bestritten. Das war am 23. Februar 1974 in Barcelona. Deutschland unterlag Spanien mit 0:1. Damals war die Welt des Norbert Nigbur noch in Ordnung.

Das böse Erwachen kam im Spätsommer 1982. Schalkes Vorstand hatte Nigbur zu einem Gespräch gebeten. Das Empfangskomitee stand schon bereit, als Nigbur in der Geschäftsstelle eintraf: Präsident Dr. Hans-Joachim Fenne, Manager Rudi Assauer und Trainer Siggi Held.

Die Herren redeten nicht lange um den heißen Brei herum. Nigbur wurde mit knallharten Tatsachen konfrontiert. Die Mannschaft hätte in den letzten Wochen gut gespielt, sei aber trotzdem auf den vorletzten Tabellenplatz zurückgefallen, weil er unnötige Tore zugelassen habe, warf man Nigbur vor. Die Schalker Führung setzte dem damals 34jährigen Nigbur den jungen Walter Junghans vor die Nase. Er war von Bayern München ausgeliehen worden.

Nigbur wurde beurlaubt. Die Teilnahme am Training wurde ihm verboten. Er solle seine privaten Probleme lösen, hatte man ihm mit auf den Weg ins sportliche Abseits gegeben.

Einer der besten deutschen Torhüter stand zum zweitenmal in seiner Karriere vor dem Ende. Und wieder waren es Eheprobleme, die ihn dahingeführt hatten. Christine, seine zweite Frau, hatte ihn verlassen.

1976 hatte Norbert Nigbur das bildhübsche Mannequin kennengelernt. Am 28. Mai 1978 wurde geheiratet. Vier Jahre später ging die Ehe in die Brüche. Der Grund waren

Streitereien ums Geld. Christine Nigbur verließ ihren Mann.
Der Familienkrach hinterließ Spuren. Norbert Nigbur brachte im Schalker Tor nicht seine gewohnte Leistung. Manchmal schien er wie gelähmt. Auch wenn er es selbst nicht wahrhaben wollte, aber im Unterbewußtsein machten die Probleme ihn fertig. Die Nerven wurden schwach. Die Konzentration war dahin. Verständlich, daß sich die Schalker einen anderen Torwart holten.
So einfach wollte sich Nigbur aber nicht abspeisen lassen. Das lebende Schalker Denkmal vom Ende der sechziger Jahre, so sagte Nigbur einmal über sich selbst, wollte sich nicht so leicht vom Sockel stoßen lassen.
Er erwirkte beim Arbeitsgericht Gelsenkirchen eine Einstweilige Verfügung gegen Schalke 04. Sie besagte, daß der Verein Nigbur weiterhin am gemeinsamen Training teilnehmen lassen mußte. Zusätzlich verschaffte er sich Rechtsschutz bei der Deutschen Angestellten-Gewerkschaft, bei der er seit 1968 Mitglied war.
Denn eines wollte er damals auf alle Fälle verhindern. Daß der Verein seinen Vertrag vorzeitig kündigte. Dann hätte er sich mit 1900 Mark Arbeitslosengeld zufriedengeben müssen. Er wäre bitteren Zeiten entgegengegangen. Schließlich verlangte die davongelaufene Christine eine saftige Abfindung. Unliebsame Erinnerungen wurden wach.
1975 hatte ihn seine erste Frau Alexandra verlassen, die er 1968 geheiratet hatte. Für Norbert Nigbur wurde die Trennung teuer. Er mußte seiner Frau eine deutliche Abfindung zahlen.
Ein Seitensprung kostete Nigbur nicht nur die Frau. Die privaten Probleme schlugen sich auch in seiner Leistung nieder. Es ging mit ihm bergab. Der damalige Schalke-Trainer Max Merkel verbannte ihn auf die Reservebank. Eine Schande für den ehrgeizigen Nigbur, der seinerzeit als der unumstrittene Nachfolger von Sepp Maier galt.

Norbert Nigbur war mit Schalke fertig. Er wollte den Verein verlassen. Der FC Barcelona machte ihm ein gutes Angebot. Doch Schalke verhinderte den Wechsel mit einer utopischen Ablösesumme von 1,2 Millionen Mark. Nigbur mußte stempeln gehen. Wenige Wochen später die Rettung: Hertha BSC holte Nigbur von Gelsenkirchen nach Berlin. Das war am 11. September 1976.

In Berlin, wo er sich nach anfänglichen Schwierigkeiten recht wohl fühlte, wollte Nigbur seine Laufbahn ausklingen lassen. Noch Anfang der Saison 1977/78 unterschrieb er einen Fünfjahresvertrag bei den Herthanern. Doch es kam alles ganz anders.

1978 kehrte Norbert Nigbur wie ein Triumphator nach Gelsenkirchen zu Schalke 04 zurück. Und er wurde besser bezahlt als je zuvor. Auch privat ging es mit ihm bergauf. Die blonde Christine, eine Verkäuferin, wurde noch im selben Jahr seine Frau.

Was ihm zu seinem Glück noch fehlte, war der große Durchbruch in der Nationalmannschaft. Nigbur hatte ihn für 1980, bei der Fußball-Europameisterschaft in Italien, geplant. Doch eine böse Meniskusverletzung ließ den Traum wie eine Seifenblase zerplatzen. Anstelle Nigburs trug der Kölner Harald Schumacher die Nummer eins bei den Europameisterschaften.

Das Unglück für Nigbur wurde komplett, als Schalke 04 am Ende der Saison 1980/81 auch noch in die zweite Bundesliga absteigen mußte.

Norbert Nigbur, der sich bei der Weltmeisterschaft 1974 mit dem Reservistenlos hinter Sepp Maier still zufriedengegeben hatte, war bereits 1978 bei seinem Comeback-Versuch in die Nationalmannschaft gescheitert. Nicht aufgrund einer Verletzung. Den genauen Grund, warum ihm der Weg zur Fußball-Weltmeisterschaft in Argentinien versperrt wurde, erfuhr Nigbur nie.

Vielleicht war er mal irgend jemandem auf den Schlips

getreten, fragte sich Nigbur, der zu jener Zeit bei Hertha BSC spielte. Daß Bundestrainer Helmut Schön etwas gegen ihn hatte, glaubte er nicht. Von ihm hatte Nigbur schon länger nichts mehr gehört.

Seit dem B-Länderspiel am 8. Oktober 1975 gegen Rumänien war der Draht zwischen Schön und seinem Assistenten Jupp Derwall auf der einen und Nigbur auf der anderen Seite plötzlich abgerissen. Selbst die überragenden Leistungen in den beiden Pokalendspielen gegen den 1. FC Köln 1977 hatten daran nichts geändert.

Als Norbert Nigbur erfuhr, daß der Stuttgarter Helmut Roleder in den erweiterten Kreis der Nationalmannschaft berufen wurde, war für ihn das Thema DFB erledigt.

Ob jemand an seinen langen Haaren Anstoß nahm? Oder an seinem Eigensinn? Hatte der Deutsche Fußball-Bund eine Abneigung gegen Berliner Spieler? Oder spielte etwa das Hickhack um seinen geplanten Wechsel zum 1. FC Köln eine Rolle? Norbert Nigbur wußte es nicht. Er zerbrach sich auch nicht lange den Kopf darüber. Die Nationalmannschaft war für ihn gestorben.

Mit seinem oft allzu selbstbewußten Auftreten und großen Sprüchen hat sich Norbert Nigbur sicherlich auch selbst geschadet. Wehe, wenn er einmal ein paar gute Spiele geliefert hatte. Dann ist er gleich durchgedreht. Über den Wolken schwebte er dann.

Wäre er auf dem Boden der Tatsachen geblieben, dann hätte er sicher alle seine Ziele erreicht. Er war ein Riesentalent, aber irgend etwas mit seiner Psyche stimmte nicht. Ihm ist der Erfolg sehr schnell zu Kopf gestiegen.

Begonnen hatte Norbert Nigbur seine Laufbahn so, wie sie viele Torhüter beginnen. Als Stürmer. Als ihn sein Vater mit acht Jahren beim SV 06 Gelsenkirchen-Heßler anmeldete, sah man in Nigbur den typischen Mittelstürmer. Doch schon ein halbes Jahr später zog er sich die Handschuhe an und stellte sich ins Tor.

Bis zu seinem 18. Lebensjahr blieb Nigbur in Heßler. Dann wechselte er zur A-Jugend von Schalke 04. Er spielte bald in der Jugend-Nationalmannschaft und nahm an drei UEFA-Jugendturnieren teil. Dabei entdeckte ihn der damalige Schalker Trainer Fritz Langner.
Sein erstes Bundesligaspiel bestritt Norbert Nigbur am dritten Spieltag der Saison 1966/67 gegen den 1. FC Nürnberg. Mit einer großartigen Leistung beim 1:0-Sieg feierte er ein glänzendes Debüt und verdrängte Stammtorwart Jupp Elting aus der Mannschaft.
Für Norbert Nigbur war der Wechsel zu Schalke ein großer Sprung gewesen. Von einem kleinen Amateurklub aus einem Gelsenkirchener Vorort zum großen Traditionsverein. Als Lehrling in einem Versicherungsunternehmen verdiente er nicht einmal 300 Mark im Monat. Und plötzlich landeten fünfstellige Beträge auf seinem Konto. Für den Sohn einer armen Bergarbeiterfamilie war es nicht einfach, so etwas zu verdauen.
Mit seinem ersten Schalke-Gehalt kaufte sich Norbert Nigbur irgendeine teure Nichtigkeit – aus welchen Gründen auch immer. Heute kann er sich sicher nicht mehr alles leisten. In seiner Freizeit kickt er inzwischen nur noch für den Amateurklub Hüls.

Der ideale Ersatzmann – Bernd Franke

Sie nannten ihn »Adler«. Nicht wegen irgendwelcher spektakulärer Flüge durch den Strafraum. Auf die verzichtete Bernd Franke. Das war nicht sein Stil. Der mittlerweile 36jährige Torwart bevorzugt das sachliche Spiel, auf der Basis eines perfekten Stellungsspiels.
Den Spitznamen »Adler« bekam Bernd Franke von Horst Wolter verpaßt, seinem Vorgänger im Tor von Eintracht Braunschweig. Weil der schon etwas ältere Wolter beim

gemeinsamen Training von dem jungen, sprungstarken Franke so manchen Kopfball aus großer Höhe ins Netz gesetzt bekam.
13 Jahre in der Bundesliga. Und der »Adler« fliegt immer noch. Die Flügel sind vielleicht etwas lahmer geworden, doch Bernd Franke gehört nach wie vor zu den besten deutschen Torhütern. Auch in der letzten Saison war er eine große Stütze für seine Mannschaft Eintracht Braunschweig.
Besondere Höhenflüge hat der Mann aus dem Saarland nie erlebt. Seine Karriere liest sich wie ein Buch der verpaßten Gelegenheiten.
Seit mehr als einem Jahrzehnt gehört Bernd Franke zur Crème der deutschen Torhüter. Doch nur ein einziges Mal nahm er mit der Nationalmannschaft an einem großen internationalen Ereignis teil. Das war die Fußball-Weltmeisterschaft 1982 in Spanien.
Frankes Serie der verpaßten Gelegenheiten begann vor der Europameisterschaft 1972. Als dritter Torwart sollte er mit zur Endrunde nach Belgien. Aber Franke blieb zu Hause. Denn in einem der letzten Bundesligaspiele vor der EM knallte ihm der Mönchengladbacher Klaus Sieloff den Ball so hart an den Kopf, daß der Torwart eine Gehirnerschütterung erlitt und auf die EM verzichten mußte.
Dann die Weltmeisterschaft 1974. Franke konnte an der Vorbereitung der Nationalmannschaft nicht teilnehmen. Er mußte mit Braunschweig die Aufstiegsspiele zur Bundesliga bestreiten. Da er in der zweiten Liga gespielt hatte, konnte ihn auch Bundestrainer Helmut Schön nicht so richtig beurteilen. Die WM in Deutschland fand ohne Franke statt.
Zur Europameisterschaft 1976 durften nur zwei Torhüter nach Jugoslawien fahren. Sepp Maier und Rudi Kargus vom Hamburger SV waren die beiden. Franke blieb auf Abruf zu Hause.
Als nächstes Großereignis folgte die Weltmeisterschaft 1978. Damals gab es keinen Zweifel: Bernd Franke war die Num-

mer zwei hinter Sepp Maier. Doch ihm blieb das Pech treu. Im letzten Testspiel der Nationalmannschaft vor dem Abflug nach Argentinien brach er sich das Sprunggelenk im rechten Bein. Aus der Traum von der WM!

Zwei Jahre später ging es zur Europameisterschaft nach Italien. Franke stand nicht im Rampenlicht und vor allem nicht im Notizbuch des Bundestrainers, der da schon Jupp Derwall hieß, weil er mit Eintracht Braunschweig gerade in die zweite Bundesliga abgestiegen war. Außerdem hatte er mehrmals wegen Verletzungen pausieren müssen.

Bei der Weltmeisterschaft 1982 in Spanien hat es dann endlich geklappt. Bernd Franke war dabei – wenn auch nur auf der Ersatzbank. Er hatte extra auf seinen Einsatz im letzten Bundesligaspiel verzichtet, um nicht wieder im letzten Augenblick auszufallen.

Auf der Ersatzbank, da mußte sich Bernd Franke eigentlich zu Hause fühlen. Siebenmal spielte er in seiner 13jährigen Laufbahn als Fußballprofi für Deutschland. An die vierzigmal saß er auf der Bank.

Bernd Franke war nie böse über diese undankbare Rolle. Er blieb stets ruhig und fair. Er muckte nie auf. Er drehte keine linken Touren oder spann Intrigen. Franke war ein echter Kumpel. Der beste Ersatztorwart der Welt.

Bernd Franke verstand es als Auszeichnung, dabeizusein. Er erhob nie lautstark Ansprüche. Das hätte ja nur die Nummer eins verunsichert. Ein Störenfried war Franke nicht.

Bernd Franke galt als einer der Stillen im Fußballgeschäft. Intrigen gegen Trainer, Funktionäre oder Mitspieler waren für ihn tabu. Die Braunschweiger Eintracht, zu der er 1971 von Fortuna Düsseldorf gewechselt war, hatte nie Ärger mit ihm. Auch die Nationalmannschaft nicht.

Bernd Franke wartete geduldig auf die wenigen Chancen, die ihm Helmut Schön und Jupp Derwall gaben. Und zuverlässig erfüllte er seine Aufgabe. Dann nahm er wieder auf der Reservebank Platz. Ohne Murren.

Einmal probte Franke allerdings doch den Aufstand. Das war im November 1980. Anläßlich eines Länderspiels gegen Frankreich in Hannover wollte ihn der Deutsche Fußball-Bund beiläufig verabschieden. Franke verzichtete auf die geplante Ehrung.
Er hatte richtig gehandelt, wie sich 15 Monate später zeigte. Da stand er nämlich wieder zwischen den Pfosten der DFB-Elf. In Hannover löste er in der zweiten Halbzeit den Kölner Harald Schumacher ab.
Die Rolle des Edelreservisten spielte Franke aber nur bei den Bundestrainern. In Braunschweig eroberte er sich ungewöhnlich schnell einen Stammplatz. Zunächst war er nur als Ersatz für Horst Wolter eingekauft worden. Doch schon in seiner ersten Bundesligasaison stand Franke 26mal im Eintracht-Tor. Seitdem hat er das Trikot mit der Nummer 1 (bis heute) nicht mehr abgegeben.
Daß er ab und zu doch seinen Stellvertretern Platz machen mußte, liegt an zahlreichen Verletzungen. Die Liste klingt schon beängstigend: gebrochene Rippen, Sehnenrisse an drei Fingern, Kinn- und Augenbrauenverletzungen, zwei Meniskusoperationen, Nasenbeinbruch, Knorpelschäden im Knie, Gehirnerschütterung, Fuß- und Fingerbruch, Oberschenkelbruch.
An eine besonders »folgenschwere« Verletzung erinnert sich Bernd Franke immer wieder. Das war am Beginn seiner Laufbahn. Als 18jähriger hatte er Probleme mit zwei »wandernden« Knorpelstücken im Kniegelenk. Dieser Schaden und die notwendige Operation »bewahrten« ihn vor der Einberufung zur Bundeswehr.
Zum Fußball brauchte Franke nicht einberufen zu werden. Das Spiel mit dem runden Leder war und ist seine große Leidenschaft. Bevor er allerdings in seinem Heimatverein SV Bliesen im Saarland, beim SV Urexweiler, Saar 05 Saarbrükken, Fortuna Düsseldorf und schließlich Eintracht Braunschweig den gegnerischen Stürmern das Leben schwer-

machte, versuchte sich Bernd Franke erfolgreich als Leichtathlet.

Besonders stolz ist er darauf, daß er einmal saarländischer Jugendmeister im Speerwurf war. Auch seine sonstigen Leistungen konnten sich sehen lassen. Aus dem Torwart Bernd Franke wäre sicherlich ein passabler Zehnkämpfer geworden. Noch 1977, im Alter von 29 Jahren, sprintete er die 100 Meter in 11,2 Sekunden herunter. Und die Hochsprunglatte überquerte er bei 1,75 Meter. Wohlgemerkt ohne ein spezielles Training!

Wie es sich für einen anständigen Torwart gehört, fand auch Bernd Franke erst auf Umwegen den Weg ins Tor. Bei den Amateuren des SV Bliesen bewährte er sich auf fast allen Positionen – je nach Bedarf. Ob Torwart oder Linksaußen – Bernd Franke war ein Mann für alle Fälle.

Dieser Mann fiel auch Jupp Derwall auf, der sich damals um die saarländischen Auswahlmannschaften kümmerte. Derwall war von dem Allroundtalent angetan. So kam es, wie es kommen mußte. Der Trainer schickte Franke einmal als Stürmer ins Spiel, ein anderes Mal stellte er ihn ins Tor der Saarland-Auswahl.

Beim SV Urexweiler, seiner nächsten Station, lehrte Bernd Franke die gegnerischen Torhüter das Fürchten. Franke, damals 18 Jahre, wurde Torschützenkönig. Fünf Treffer in einem Spiel waren sein größter Erfolg als Torjäger.

Als er dann Vertragsspieler wurde, legte er sich endgültig auf das Trikot mit der Nummer 1 fest. Darin hütete er in der Regionalliga Südwest das Tor für Saar 05 Saarbrücken.

In seine Heimat will Bernd Franke mit Frau Hedi und Sohn Folkert eines Tages zurückkehren. Ein Haus hat er sich im Saarland bereits gebaut. Der Partykeller dürfte einer der wichtigsten Räume werden.

Dessen Wände sollen nämlich einmal mit all den Zeitungsausschnitten, Medaillen, Wimpeln, Trikots und Trophäen dekoriert werden, die sich im Laufe der Zeit in seinem Haus

26

25 Toni Turek (1919–1984). Turek, Fritz Walter und Sepp Herberger nach dem inzwischen schon fast zur Legende gewordenen Sieg bei der WM 1954 im Berner Wankdorf-Stadion.
26 Giampiero Combi (1902–1956). Combi, ein Meister des Stellungsspiels, stand 47mal für Italien im Tor und wurde 1934 mit seiner Mannschaft Weltmeister.
27 Heiner Stuhlfauth (1896–1966). Stuhlfauth wurde fünfmal Deutscher Meister mit dem 1. FC Nürnberg und bestritt 21 Länderspiele für Deutschland.

28 Hans Jakob (geb. 1908). Jakob, hier bei einer für ihn typischen wuchtigen Faustparade, spielte 38mal für Deutschland und wurde 1934 WM-Dritter.

29 Willibald Kress (geb. 1906). Kress, immer besonnen und zugleich elegant in seinen Reaktionen, wurde mit dem Dresdner SC 1943/1944 Deutscher Meister und 1940/1941 Deutscher Pokalsieger.

30 Hans Tilkowski (geb. 1935). Tilkowski spielte 39mal für Deutschland und wurde mit Borussia Dortmund 1966 u. a. Europacupgewinner bei den Pokalsiegern.

31 Bernd Trautmann (geb. 1922). Trautmann gewann 1956 mit Manchester City den englischen Cup und wurde 1960 in England zum »Fußballer des Jahres« gewählt.

32 Dieter Burdenski (geb. 1950). Burdenski stand bis zum Juni 1984 12mal im Tor der deutschen Nationalmannschaft.

33 Dino Zoff (geb. 1942). »Dino Nazionale« bestritt 112 Länderspiele für Italien und wurde 1968 Europa- und 1982 Weltmeister.

34 Bernd Franke (geb. 1948). Franke spielte bis zum Juni 1984 siebenmal für Deutschland.

32

34

33

35 Rudi Kargus (geb. 1952). Kargus wurde 1977 mit dem Hamburger SV Europacupsieger bei den Pokalsiegern und gewann mit dem HSV 1976 den Deutschen Pokal und 1979 die Meisterschaft.

36 Ronnie Hellström (geb. 1949). Hellström war einer der stärksten Torhüter bei der WM 1974 in Deutschland. Er spielte 77mal international für Schweden und war 1973 und 1978 Schwedens »Fußballer des Jahres«.

37 Wolfgang Kleff (geb. 1946). Wolfgang Kleff, hier mit seinem »Doppelgänger« Otto Waalkes, wurde mit Borussia Mönchengladbach u. a. fünfmal Deutscher Meister und 1975 UEFA-Cupgewinner.
38 Norbert Nigbur (geb. 1948). Nigbur bestritt sechs Länderspiele und gewann 1972 mit Schalke 04 den Deutschen Pokal.
39 Harald Schumacher (geb. 1954). »Toni« Schumacher spielte bis zum 1. Juli 1984 51mal für Deutschland. Er wurde 1980 Europameister und gewann mit dem 1. FC Köln u. a. 1977, 1978 und 1983 den Deutschen Pokal.

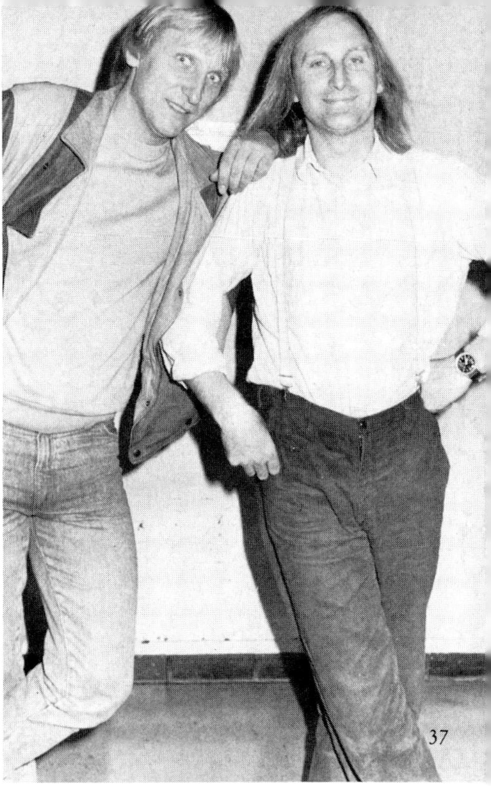

37

38

in Braunschweig angesammelt und den Weg in Pappkartons gefunden haben.
Ob die Erinnerungen an all die verpaßten Gelegenheiten einen Ehrenplatz bekommen? Das hat Bernd Franke noch nicht entschieden.

Otto II. – Wolfgang Kleff

Traurig, aber wahr: »Die Otto-Show« gibt es nur noch im Fernsehen. Wolfgang Kleff, wegen seiner frappierenden Ähnlichkeit mit dem ostfriesischen Blödelbarden Otto Waalkes meist nur »Otto« genannt, ist von der Fußballbühne abgetreten. Abgetreten worden. Die Art und Weise, wie Wolfgang Kleff von seinem Verein abserviert wurde, war nicht gentlemanlike.
Es war am 19. Mai 1984. Da gab Kleff seine ungewollte Abschiedsvorstellung. 413 Bundesligaspiele hatte er bestritten. Ein Mann, der viel Farbe in den bisweilen grauen Fußballalltag gebracht hatte.
Es war die größte »Otto-Show«, die das Düsseldorfer Rheinstadion jemals erlebt hatte. »Otto, du darst nicht gehen«, sangen die Fans, als Wolfgang Kleff nach 73 Minuten seinen Platz im Tor der Düsseldorfer Fortunen für Ersatzmann Frank Kurth räumte. Kleff ließ sich einen Verband am Oberschenkel anlegen. Eine Zerrung hatte er angezeigt, um ausgetauscht zu werden.
Innerlich kochte Wolfgang Kleff vor Wut. Er wollte es den Herren noch einmal zeigen, die ihn so einfach abgeschoben hatten. Das war nämlich beschlossene Sache. Kleffs Vertrag würde nicht mehr verlängert werden. Fortuna Düsseldorf hatte schon vor diesem 19. Mai einen neuen Torwart verpflichtet.
Seinen Abschied vor eigenem Publikum im letzten Heimspiel gegen Waldhof wollte sich Wolfgang Kleff aber nicht

vermasseln lassen. Deshalb initiierte er die eigene Auswechslung.

Doch damit nicht genug. Auf dem Weg in die Kabine ließ »Otto« Kleff auch noch die Hosen runter. Als er »blank« zog, wurden Präsident Bruno Recht und Trainer Willibald Kremer kreidebleich. Auf diese Art waren sie noch nie bloßgestellt worden. Kleff hatte mehr als deutlich gezeigt, was er von den beiden hielt.

Kleffs Striptease hatte Folgen. Er wurde vom Training suspendiert. Seitdem befindet sich Wolfgang Kleff, 37 Jahre alt, im einstweiligen Ruhestand.

Ein Zurück gibt es für ihn nicht mehr. Nicht zu Fortuna Düsseldorf. Nicht zum Fußball. Ich finde das schade. Er war immer zu Späßen aufgelegt, hat so manchen Jux gemacht. Das konnte er sich erlauben. Bei Wolfgang Kleff stimmte nämlich auch die Leistung als Torwart.

Leute wie er und Sepp Maier haben der oft sehr faden Fußballkost die Würze gegeben. Maier und sein einstiger Konkurrent Kleff gehörten in den Kreis der Tormänner »mit Pfiff«.

Ein altbekannter Fußballerwitz sagt einiges aus über die beiden Komiker. Auf die Frage, wieso er seinen Dackel verkauft habe, soll Sepp Maier gesagt haben: »Weil er auf die Frage, wer der beste Torwart sei, immer ›Kleff, Kleff‹ geantwortet hat.«

Wolfgang Kleff ist ein Mensch, der gerne flachst und eigentlich für jeden Spaß zu haben ist. Allerdings galt für ihn immer: erst die Arbeit, dann der Spaß. Nach diesem Motto hat er mehr als ein Jahrzehnt seinen Dienst im Tor verrichtet. »Wenn du keine Leistung bringst, dann bringst du niemanden zum Lachen«, hat Kleff einmal gesagt. »Dann wirst du höchstens selber ausgelacht.«

Bei Kleff war die Leistung in Ordnung. Auch noch in der letzten Saison. Obwohl er mit 37 Jahren der zweitälteste noch aktive Bundesligaprofi war. Der älteste war Klaus

Fichtel mit 38. Er saß bei Werder Bremen allerdings meist nur auf der Bank.
Wolfgang Kleff hätte gerne noch ein Jahr weitergemacht. Den Ehrgeiz besaß er. Obwohl er in seiner Karriere viel erreicht hatte.
Fünfmal war er mit Borussia Mönchengladbach Deutscher Meister, einmal Deutscher Pokalsieger und einmal UEFA-Cupsieger. Besonders gerne erinnert er sich an das Pokalfinale 1973 zurück. Der 1. FC Köln war damals der Gegner. Durch ein Tor des eingewechselten Günter Netzer gewann Borussia Mönchengladbach in der Verlängerung mit 2:1.
Auch auf sein wohl bestes Spiel blickt Kleff mit guten Gefühlen zurück, auch wenn es eine Niederlage war. Die Rede ist von dem Europapokalspiel der Landesmeister beim FC Everton. Ein unglaubliches Elfmeterdrama spielte sich damals in England ab. Damals, das war 1970. Die Gladbacher schieden erst im Elfmeterschießen aus. Kleff hatte ein Riesenspiel geliefert.
Durch diese Partie wurde Wolfgang Kleff erst so richtig bekannt. Schon bald stand auch sein Name im Notizbuch des Bundestrainers. Am 22. Juni 1971 war es dann soweit. Der damals 22jährige junge Mann aus Schwerte an der Ruhr spielte beim 7:1 gegen Norwegen in Oslo zum erstenmal in der Nationalmannschaft. Fünf weitere Länderspiele folgten noch bis 1973. Dann war die kurze Karriere des Nationaltorwarts Wolfgang Kleff beendet.
Seinen Einstand in der Bundesliga hatte Kleff bereits 1968 gegeben. Am 7. September stand er beim 2:2 gegen Alemannia Aachen erstmals im Tor der Gladbacher Borussen. Danach stellte er einen Rekord auf, den erst Sepp Maier brach: 245 Bundesligaspiele in Folge, vom 19. April 1969 bis zum 12. Juni 1976.
Dann erlebte Wolfgang Kleff eine bittere Phase in seinem Torwartleben. Ein Jahr lang mußte er pausieren. Vom Sommer 1976 bis zum Herbst 1977.

Die Leidenszeit begann mit einer schweren Leistenoperation. Im September, schon nach Saisonbeginn, konnte Kleff erst wieder mit dem Training beginnen. Und die Nummer eins im Borussia-Tor trug schon ein anderer auf dem Rücken des Trikots. Wolfgang Kneib. Den hatte man eigentlich nur als Ersatz für Kleff geholt. Mit Kneib im Tor blieb die Mannschaft dreizehn Spiele ungeschlagen.
Kleff mußte daraufhin gleich zwei bittere Pillen schlucken. Die Borussen-Führung legte ihm einen Vertrag vor, der ihm unverändertes Gehalt nur bei permanentem Einsatz garantierte, und Trainer Udo Lattek verbannte ihn auf die Ersatzbank – obwohl Kleff die Operation längst überstanden hatte und völlig fit war.
Kleff steckte in der Klemme. Nach 245 Bundesligaspielen für die Borussen gehörte er plötzlich zur zweiten Garnitur. Ein Mann hatte ihm seinen Posten weggenommen, der nur als Nothelfer verpflichtet war. Kleff ließ sich nichts anmerken. Aber innerlich kochte er.
Erst die Borussen-Krise im Herbst 1977 bescherte Kleff wieder eine Chance. Denn der jüngere und unerfahrenere Kneib schien in dieser kritischen Situation überfordert. Kleff, der noch vor ein paar Wochen dem Gladbacher Bökelberg den Rücken kehren wollte, stand wieder im Tor. Mit dem 6. August 1977, beim 0:0 in Bochum, war seine Leidenszeit beendet.
Das Verhältnis zur Borussia hatte allerdings gelitten. Irgendwie war das gegenseitige Vertrauen dahin. Ein Jahr später saß Wolfgang Kleff wieder auf der Bank. In der Saison 1978/79 bestritt er kein einziges Bundesligaspiel. Am letzten Spieltag erhielt er ein Angebot von Hertha BSC Berlin. Kleff griff sofort zu. Ein guter Griff, denn Borussia Mönchengladbach machte ihm am Saisonende kein neues Vertragsangebot. Für 150000 Mark Ablöse wechselte er nach Berlin, wo er die Nachfolge von Norbert Nigbur antrat.
Das Berliner Gastspiel von Wolfgang Kleff dauerte jedoch

nur ein Jahr. Dann kehrte er für zwei Jahre nach Mönchengladbach zurück. Zum Saisonende 1982 war seine Uhr bei den Borussen endgültig abgelaufen. Trainer Jupp Heynckes machte dem Torwart, der fast 14 Jahre seinem Klub die Treue gehalten hatte – nur unterbrochen von dem Berlin-Gastspiel –, die Mitteilung, daß er die nächste Spielzeit ohne ihn plane.

Für Kleff war diese Entscheidung unverständlich, hatte er doch in der abgelaufenen Saison durchweg gute Kritiken bekommen. Er machte dem Trainer jedoch keine Vorwürfe. Für ihn war klar, wer der Drahtzieher dieser Abschiebeaktion war: Manager Helmut Grashoff. Angeblich wollte er den Torwart von der Gehaltsliste haben. Mit einem geschätzten Jahresgehalt von 240000 Mark war Kleff dem Manager zu teuer. Zum Nulltarif wechselte Kleff dann zu Fortuna Düsseldorf.

Als Wolfgang Kleff nach Mönchengladbach kam, wagte er von diesen Summen kaum zu träumen. Damals, im Sommer 1968, kassierte er ein Handgeld von 25000 Mark brutto. Das Grundgehalt pro Monat betrug 1200 Mark.

Kleff mußte dieses Angebot akzeptieren, denn damals war er ein Niemand. Zumindest in Mönchengladbach.

Beim VfL Schwerte, seinem Heimatklub, hatte er schon einen Namen – aber keinen guten. Dort war es ihm weder als Schüler- noch als Jugendtorwart gelungen, auch nur in die Kreisauswahl berufen zu werden. Auch bei den Senioren hütete er dann zunächst nur das Tor der Reservemannschaft.

Irgendwann gelang ihm aber doch der Aufstieg in die erste Mannschaft. Die spielte in der obersten Amateurklasse, und es dauerte nicht lange, bis ein Talentsucher den jungen Schwerter entdeckte und ihn an Borussia Mönchengladbach vermittelte.

Als Wolfgang Kleff, der als Junge nie die Grenzen seiner westfälischen Heimat überschritten hatte, zum ersten Probetraining bei Hennes Weisweiler antreten mußte, stand er vor einem fast unlösbaren Problem. Wie sollte er nach Mönchengladbach kommen? Wo lag die Stadt überhaupt? Eine Autobahn gab es damals noch nicht. »Es war eine regelrechte Himmelfahrt, bis ich da angekommen bin«, hat Kleff einmal erzählt.

Heute weiß Wolfgang Kleff nicht nur, wo Mönchengladbach liegt. Er kennt sich dank des Fußballs in der ganzen Welt aus.

Seit neuestem weiß er auch in Afrika Bescheid.

Ganz besonders an der Elfenbeinküste. In der 20000 Einwohner zählenden Stadt Azaguie betreibt Kleff zusammen mit einem Freund eine Blumenfarm.

Wolfgang Kleff – ein Torwart als Blumenzüchter? Nicht ganz. Kleff kümmert sich in erster Linie um den Verkauf in Deutschland.

Blumen bringen Freude. Für Wolfgang Kleff ist der neue Job fast ein nahtloser Übergang vom Fußballer- ins Geschäftsleben. Als Fußballer hat Wolfgang Kleff seinen Fans viel Freude gemacht.

Schwedens Botschafter in der Pfalz – Ronnie Hellström

Der Start zu seiner großartigen Karriere war nicht verheißungsvoll. Als sich Ronnie Hellström Anfang der sechziger Jahre bei einem kleinen Verein in der Nähe von Malmö anmeldete, erhielt er nach dem Probetraining ein vernichtendes Urteil: »Du bist zu klein für einen Torwart.«

Für die Fußballfans in der Pfalz war er ein Jahrzehnt lang der Größte. 34000 Zuschauer feierten den blonden Schweden, als er am 24. April 1984 auf dem Betzenberg in Kaiserslautern sein Abschiedsspiel bestritt.

Mit dem 1. FC Kaiserslautern besiegte Ronnie Hellström eine internationale Prominentenauswahl mit 7:4. Durch einen verwandelten Handelfmeter steuerte der Torwart selbst einen Treffer bei.

Fußballprominente aus Deutschland und Schweden erwiesen Hellström ihre Reverenz. Franz Beckenbauer, Sepp Maier, Paul Breitner, Wolfgang Overath und Jürgen Grabowski waren dabei. Aus Schweden waren Björn Andersson, Roland Sandberg, Conny Torstensson, Benno Magnusson, Hasse Borg, Ove Kindvall, Bo Larsson, Kenneth Olsson und der 116fache schwedische Rekordnationalspieler Björn Nordquist angereist.

Mit der Abschiedsgala war die aktive Laufbahn von »Schwedens bestem Botschafter in der Pfalz« aber noch nicht zu Ende. Bis zum Saisonschluß hütete er das Tor des 1. FC Kaiserslautern. Rund 270 Bundesligaspiele hatte Ronnie Hellström hinter sich.

Genau zehn Jahre spielte Ronnie Hellström in der Pfalz. Der 35jährige Weltklassetorwart, der dem 1. FC Kaiserslautern zwischen 1975 und 1977 wenigstens zweimal den Klassenerhalt in der Bundesliga sicherte, beendete seinen Kindern Veronica, Christell und Erland zuliebe seine Laufbahn. Sie sollen in Schweden zur Schule gehen, um später keine beruflichen Nachteile zu haben.

Ronnie Hellström ist an den Ort zurückgekehrt, wo seine Karriere begann. Nach Hammarby. Beim IF Hammarby will Hellström, der 77mal im Tor der schwedischen Nationalmannschaft stand, noch zwei Jahre spielen und nebenbei das Torwarttraining übernehmen. Danach steigt er dann in das Großhandelsgeschäft seines Vaters ein.

Fast eine Selbstverständlichkeit, daß dieses Geschäft mit dem Sport zu tun hat. Hellström wird Sportartikel vertreiben. Seine langjährige Erfahrung und seine vielen Kontakte als Fußballer werden ihm dabei zugute kommen.

Ronnie Hellström hat eine prächtige Bilanz aufzuweisen. An drei Fußball-Weltmeisterschaften nahm er teil – in Mexiko, Deutschland und Argentinien. 1973 und 1978 wurde er

in seiner Heimat zum Fußballer des Jahres gewählt. In der Bundesliga stellte er einen ganz besonderen Rekord auf: Seine rund 270 Spiele überstand er ohne gelbe oder rote Karte. Ein Rekord, der Ronnie Hellström nicht besser charakterisieren könnte. Der Schwede war ein Sportsmann vom Scheitel bis zur Sohle. Anständig, pflichtbewußt, zuverlässig und stets fair.
Für seine Fairneß wurde Ronnie Hellström sogar einmal, im Jahr 1977, mit einem Pokal ausgezeichnet. Kaiserslautern spielte gegen Werder Bremen. Als ein Bremer Spieler verletzt im Strafraum der Pfälzer lag, kümmerte sich Hellström um ihn, obwohl die Bremer im Angriff waren und Gefahr für sein Tor drohte. Typisch Hellström. Ein Mann, der für Menschlichkeit in einem bisweilen brutalen Geschäft sehr viel übrig hatte.
Gerne erinnerte sich der kühle Blonde aus dem Norden sicher an das UEFA-Pokalspiel gegen Real Madrid. Da hielt er beim Stand von 3:0 für seine Mannschaft einen Elfmeter der Spanier. Wer weiß, ob Madrid bei einem verwandelten Strafstoß den Rückstand nicht noch aufgeholt hätte. So gewann Kaiserslautern am Ende mit 5:0.
Vergessen wird Ronnie Hellström auch nicht das Bundesligaspiel 1980 bei Eintracht Braunschweig. Da wurde er unmittelbar nach der Halbzeitpause von einem gegnerischen Spieler am Kopf verletzt. Gehirnerschütterung. Aber Ronnie spielte weiter. Erst als Kaiserslautern nach zehn Minuten das 1:0 erzielte, wurde er ausgewechselt. Er konnte sich kaum mehr auf den Beinen halten. Kaiserslautern gewann das Spiel mit 1:0. Hellström konnte sich später allerdings nicht an den Siegtreffer erinnern.
Schlimm trafen ihn die beiden Niederlagen in den Pokalendspielen 1972 in Hannover und 1976 in Frankfurt. Das erste Mal verlor man gegen Schalke 04 mit 0:5, das zweite Mal gegen den Hamburger SV mit 0:2. Ein Titelgewinn mit dem 1. FC Kaiserslautern war Hellström nicht vergönnt.

Als Ronnie Hellström 1974 in die Pfalz kam, hatte er selten Heimweh. Am wenigsten fehlte ihm sicher der weiße Kaufmannskittel, den er in einem Stockholmer Kaufhaus getragen hatte. Hellström hatte dort als Einkäufer für eine schwedische Warenhauskette gearbeitet, die dem Präsidenten seines Vereins IF Hammarby gehörte. Von morgens acht bis abends um fünf war er auf den Beinen. Trainiert wurde nach Ladenschluß.

Ronnie brauchte diesen Job. Denn als Halbprofi verdiente er nicht viel. Die 1200 Mark brutto, die er in einem erfolgreichen Jahr bei seinem Verein kassierte, konnten lediglich seine Haushaltskasse etwas aufbessern.

Erst in Kaiserslautern wurde Hellström Vollprofi. Allerdings war sein Gehalt am Anfang bescheiden. Daran war er selbst schuld, weil er wohl ein wenig zu schnell zugegriffen hatte. Noch vor der Weltmeisterschaft in Deutschland unterschrieb er einen Vertrag. Er ahnte nicht, daß sein Marktwert während des Turniers sprunghaft steigen würde.

Bei der WM wurde Ronnie Hellström zum Star. Er hielt großartig. Besonders im Spiel gegen Deutschland am 30. Juni in Frankfurt. Hellström brachte die deutschen Angreifer eine Zeit lang zum Verzweifeln. Erst Wolfgang Overath, Rainer Bonhof, Jürgen Grabowski und Uli Hoeneß mit Foulelfmeter konnten den schwedischen Schlußmann bezwingen. Deutschland gewann mit 4:2.

Ronnie Hellström aber verewigte sich mit seinen großartigen Leistungen in Deutschland in der WM-Chronik. Der »Wundertorwart« aus Schweden wurde zum besten Torhüter des Turniers gewählt.

In Kaiserslautern rieb man sich freudestrahlend die Hände. Man hatte einen guten Fang gemacht, vor allem einen billigen. Ganze 120000 Mark überwies der 1. FC Kaiserslautern für seinen neuen Torwart auf das Konto des IF Hammarby.

Auch wenn die Bezahlung anfangs nicht gerade traumhaft

war – Ronnie Hellström bereute seine Entscheidung nicht. Er hat sich in der halbwegs heilen Fußballwelt in der Pfalz immer wohl gefühlt und seinem Klub die Treue gehalten. Obwohl er lukrative Angebote von Cosmos New York oder aus Spanien erhielt. Die Pfalz, das war Hellströms zweite Heimat.

Er fand sich auf Anhieb zurecht. Die Menschen waren freundlich zu ihm, weil er zu ihnen freundlich war. Hellström besaß noch ein großes Plus: Mühelos und schnell erlernte er die deutsche Sprache. Dabei halfen ihm die Vorkenntnisse, die er auf einem Mädchengymnasium in Schweden erworben hatte. Dort hatte Ronnie nämlich sein Abitur gemacht.

Sein »Abitur« im Fußball wollte Hellström bei der Weltmeisterschaft 1978 bauen. Für Argentinien strebte er den Höhepunkt seiner Karriere an. Doch es wurde nichts daraus. Die Schweden, die im letzten Testspiel vor der WM in Stockholm Deutschland mit 3:1 geschlagen hatten, schieden bereits in der Vorrunde gegen Brasilien, Österreich und Spanien aus.

Einmal ganz oben stehen. Das war sein großer Traum. Er ging nie in Erfüllung. Weder mit dem schwedischen Drei-Kronen-Team noch mit den »Roten Teufeln« vom Betzenberg. Dabei hat er sich für dieses Ziel gequält wie kaum ein anderer.

Ronnie Hellström blieb bei dieser »Quälerei« von schweren Verletzungen nicht verschont. Im Spätsommer 1981 brach er sich das linke Schultergelenk. Doch er ließ sich nicht entmutigen. Eisern behielt er sein Comeback im Auge. Er hätte auch als Sportinvalide die Versicherungsprämie einstreichen können, doch daran dachte Hellström nie. Er war kein Absahner.

Anfang Februar 1982 traf ihn ein weiterer Schlag. Er erlitt einen Trümmerbruch am linken Finger. Von Resignation jedoch keine Spur. Mit unbändigem Ehrgeiz und Fleiß

schaffte er den Sprung zurück in die Mannschaft, in der er von Achim Reichel vertreten worden war.
Die zahlreichen Verletzungen waren sicherlich nicht ganz schuldlos daran, daß Ronnie Hellström dem ganz großen Erfolg ohne Erfolg hinterherlief. Irgendwie kann man nur bedauern, daß er nie einen nennenswerten Titel gewonnen hat. Er hätte es verdient gehabt.
Und noch eins. Sepp Maier konnte froh sein, daß Ronnie Hellström ein Schwede war. Sonst hätte er einen großen Rivalen beim Kampf um den Posten in der deutschen Nationalmannschaft gehabt. Sepp hatte sich die Nummer eins redlich verdient. Aber mit Hellström im Nacken hätte er sich noch mehr ins Zeug legen müssen.

Die Locke von Elvis Presley – Rudi Kargus

Der eine verhinderte Tore, der andere schoß sie. Rudi Kargus, Torwart, und Gerd Müller, Bomber der Nation a. D., hatten eines gemeinsam: die Angst vorm Fliegen.
Ende Mai 1980. Rudi Kargus saß im Flugzeug, dessen Ziel Madrid war. Mit ihm die HSV-Familie. Spieler mit ihren Frauen und Kindern, der Trainer, der Manager, der Vorstand. Ein regelrechter Familienausflug, den der Hamburger SV unternahm.
Der Hamburger SV hatte das Finale um den Europapokal der Landesmeister erreicht. Schauplatz des Endspiels war das Bernabeu-Stadion in Madrid.
Rudi Kargus saß im Flugzeug. Er schwitzte. Seine Hände waren klatschnaß. Angst vorm Fliegen. An jenem Tag hatte Kargus gleich in doppelter Hinsicht Angst. Seine Tage beim HSV schienen gezählt. Er drohte aus der Mannschaft zu fliegen.
Rudis Angst wurde am Saisonende zur traurigen Gewißheit. Er wurde entlassen. Urplötzlich saß er auf der Straße. Warum

man ihn einfach nicht mehr haben wollte, dafür hat Kargus bis heute noch keinen Anhaltspunkt.
Es soll ein Kesseltreiben gewesen sein, das zur Trennung zwischen Kargus und dem HSV führte. Ein ganz mieses Spiel hinter den Kulissen, behaupten manche.
Ausgelöst hatte die »Affäre Kargus« eine Äußerung des damaligen HSV-Trainers Branco Zebec. »Besorgt mir einen anderen Torwart. Kargus kostet mich Jahre meines Lebens«, sagte Zebec nach dem Viertelfinalspiel im Europapokal beim jugoslawischen Meister Hajduk Split.
Dem in der ersten Erregung abgegebenen Trainerspruch war wohl nicht viel Bedeutung beizumessen. Doch die kritischen Stimmen häuften sich. Rudi Kargus war nicht mehr der alte. Er wirkte nervös, sein Stellungsspiel war nicht mehr das beste. Seine Stellung im Verein wurde schwächer.
Vielleicht hatte Kargus zu hoch gepokert. Vielleicht hatte ihn sein Berater in die »Klemme« gebracht.
Tatsache war, daß Kargus seinen Vertrag im April 1980 fristgemäß gekündigt hatte. Andernfalls hätte er sich automatisch um ein Jahr verlängert. Der Torwart wollte aber einen Vertrag auf drei Jahre.
Die Verhandlungen schleppten sich hin, ohne daß eine Einigung erzielt wurde. HSV-Manager Günter Netzer bot einen Zweijahres-Vertrag bei unveränderten finanziellen Konditionen an. Rudi Kargus forderte eine den Lebenshaltungskosten angepaßte Gehaltssteigerung bei einem Dreijahres-Vertrag mit Option auf ein weiteres Jahr.
Beide Parteien kamen nicht zusammen. Als Kargus dann das von Netzer gesetzte Ultimatum verstreichen ließ, war die Sache gelaufen. Rudi Kargus war kein Angestellter des Hamburger SV mehr.
Still und leise verschwand er von der Hamburger Bildfläche. Ein Abgang bei Nacht und Nebel. Selbst von seinen treuesten Fans konnte er sich nicht mehr verabschieden.
Einige seiner Mannschaftskameraden hatten ihn moralisch

unterstützt. HSV-Vizepräsident Ritschel zog sogar Konsequenzen aus dem Krach um Kargus und trat von seinem Amt zurück.

Doch alle diese Solidaritätsbekundungen konnten nicht verhindern, daß Rudi Kargus für einige Zeit stempeln gehen mußte. Der Gang zum Arbeitsamt, wo er sich monatlich 1900 Mark abholen konnte, war keine angenehme Sache.

Dabei hatte alles so gut angefangen, als Rudi Kargus im November 1970 mit einem Vorvertrag in der Tasche zum Hamburger SV kam. Der 18jährige aus Worms wurde bei einer Pflegefamilie einquartiert, bekam ein Jahr später einen Probevertrag und besaß in HSV-Schlußmann Özcan ein väterliches Vorbild.

Der Aufstieg beim HSV war nicht leicht. Aber Kargus war ehrgeizig und wußte, was er wollte. Schon als kleiner Junge spielte er nicht wie seine Altersgenossen im Sandkasten, sondern benutzte diesen zum Torwarttraining. Der Lohn der frühen Jahre: Kargus stand bereits mit 17 in der ersten Mannschaft von Wormatia Worms.

Beim Hamburger SV mußte er zunächst einmal warten. Er war die Nummer zwei hinter Özcan. Als der türkische Nationaltorhüter Anfang der Saison 1971/72 verletzt wurde, war Rudi an der Reihe.

Doch alles ging schief. Das 1:1 bei seinem Bundesligastart in Braunschweig ließ sich noch recht gut an. Dann jedoch wurde es bitter für Kargus. Im Frankfurter Waldstadion mußte er vier Eintracht-Treffer hinnehmen – und sah dabei gar nicht gut aus. Der noch unerfahrene Bundesliganeuling bekam Nervenflattern. Die Karriere hatte noch kaum begonnen, da schien sie bereits wieder zu Ende.

Doch Rudi resignierte nicht. Verbissen trainierte er. Wenn die Kameraden längst zu Hause waren, drehte er noch einsam seine Runden auf dem Trainingsplatz. Es zahlte sich aus.

Bald hatte er seinen Stammplatz beim HSV sicher. Es folgten Berufungen in die Junioren-Nationalmannschaft, später auch in die B-Nationalmannschaft. Am 20. Dezember 1975 schlug dann Rudis große Stunde. In Istanbul machte er sein erstes Spiel in der A-Nationalmannschaft. Sein Einstand konnte sich sehen lassen. Kargus mußte kein Tor hinnehmen. Deutschland schlug die Türkei mit 5:0.

Rudi Kargus gab allerdings nur ein kurzes Gastspiel im DFB-Trikot. Er absolvierte nur drei Länderspiele. Kargus hat sich nicht lange darüber den Kopf zerbrochen. Der Abstand zur Nationalmannschaft vergrößerte sich rasch.

»Was sich da tut, ist mir im großen und ganzen ziemlich gleich. Zur Nationalelf habe ich keine Beziehung«, hat Rudi Anfang 1984 einem Gesprächspartner verraten.

Rudi Kargus, mittlerweile 31 Jahre alt, würde im Tor der Nationalmannschaft auch heute noch eine gute Figur abgeben. Der reaktionsschnelle Rudi ist nach wie vor einer der besten deutschen Torhüter.

Das hat er oft genug beim 1. FC Nürnberg bewiesen. Dort war er im September 1980 gelandet, wenige Wochen nach dem unrühmlichen Ende in Hamburg.

Daß die Nürnberger 1984 aus der Bundesliga abgestiegen sind, lag am allerwenigsten an Kargus. Trainer- und Präsidentenwechsel trugen wesentlich zur Unruhe in der Mannschaft bei. Auch die Verpflichtung von zwei prominenten Spielern, deren Leistung im umgekehrten Verhältnis zu ihrer Bezahlung stand, leistete keinen Beitrag zur Stabilisierung der Nürnberger Mannschaft.

Was hatte man in Nürnberg vor einem Jahr noch große Töne gespuckt. Die Teilnahme am UEFA-Pokal wollte man erreichen. Was dabei herauskam, hat jeder gesehen. Abstieg in die zweite Liga. Rudi Kargus hatte so etwas geahnt. Für ihn war das Gerede vom UEFA-Cup blanker Unsinn.

Rudi Kargus ist immer auf dem Teppich geblieben. Ruhe und Ausgeglichenheit sind seine markantesten Merkmale. Das Nervenbündel Rudi Kargus gibt es schon lange nicht

mehr. Nerven kannten nur seine Gegner. Besonders bei Strafstößen.
Rudi Kargus ist als »Elfmeterkiller« bekannt. In den Jahren 1974 und 1975 parierte er von 13 Strafstößen sieben. Vier gingen am Tor vorbei. Selbst ein so sicherer Elfmeterschütze wie der damalige Bremer Nationalspieler Horst Höttges zog gegen Kargus den kürzeren.
Rudi Kargus, das Reaktionswunder? »Ich habe eben immer etwas Glück gehabt. Das gehört dazu«, hat er mal einem Reporter erzählt. »Ein Geheimrezept oder irgendeinen Trick gibt es nicht.«
Eines aber hatte Rudi Kargus vielen anderen Torhütern voraus. Er führte exakt Buch über die Verhaltensweisen, Stärken und Schwächen der Elfmeterschützen in der Bundesliga. Anscheinend hat es ihm geholfen.
Ein Reaktionswunder war Kargus auf jeden Fall nicht. Er reagiert so schnell – oder so langsam – wie jeder Durchschnittssportler. Das hat einmal ein wissenschaftlicher Test bewiesen, der am Sportmedizinischen Institut der Universität Hamburg durchgeführt wurde.
Die großartigen Reflexe auf der Torlinie hat Rudi Kargus in erster Linie seiner Schnell- und Sprungkraft zu verdanken. Durch intensives Training hat er sich diese Eigenschaften bis heute in fast unveränderter Qualität erhalten.
Rudis Stil besitzt noch ein weiteres Merkmal: Eleganz. Wie ein Ballettänzer bewegt er sich oft zwischen den Torpfosten. Ein Stil, der auch bei Frauen ankam.
Kein HSV-Star war so umschwärmt wie Rudi Kargus. Der um blumige Worte nie verlegene frühere HSV-Manager Dr. Peter Krohn stellte einmal fest: »Der abgelegte Torwartpullover von Rudi Kargus ist heute das, was früher die Locke von Elvis Presley war.«

»Budde«, der Abergläubische – Dieter Burdenski

Werder Bremen gewann in Berlin bei der Hertha mit 1:0. Die Presse, Fernsehen und Rundfunk überschlugen sich vor Begeisterung. Dieter Burdenski wurde das Prädikat »Weltklasse« verliehen. So gut wie in Berlin hatte der Bremer Torwart noch nie gehalten.
Zwei Tage nach diesem Spiel, am Ostermontag 1983, klingelte bei Burdenski das Telefon. Dieter nahm den Hörer ab. Am anderen Ende der Leitung ein Mann. Sein rheinischer Dialekt verriet, wo er herstammte. »Hallo, Jupp«, rief Burdenski in den Hörer.
Eine Geschichte, die nicht erfunden ist. Sie hat sich wirklich so abgespielt. Hatte Dieter Burdenski nach seinem großen Spiel tatsächlich mit dem Anruf des Bundestrainers gerechnet? »Blödsinn«, hat er damals gesagt, »ich kenne viele Jupps.«
Wenige Monate später rollte in Burdenskis Wohnung die gleiche Szene ab. Das Telefon klingelte. Noch bevor Burdenski »Hallo, Jupp« in den Hörer rufen konnte, hatte sich Derwall schon gemeldet. Der Bundestrainer lud den Bremer Schlußmann, damals 32 Jahre alt, zum Comeback in die Nationalelf an.
Burdenski nahm die Einladung dankend an. Der Anruf von Jupp Derwall gehörte ohne Zweifel zu den wichtigsten Augenblicken in der Laufbahn von Dieter Burdenski.
Für einen wie ihn, den man schon einmal total abgeschrieben hatte, war es ein ganz besonderes Gefühl, nach einigen Jahren in der Versenkung plötzlich wieder dabeizusein, plötzlich wieder zu den Besten zu gehören.
Am 7. Juni 1983 zählte Dieter Burdenski wieder zur Elite des deutschen Fußballs. Nach mehr als dreijähriger Verbannung stand er wieder im Tor der Nationalmannschaft, die in Luxemburg mit 4:2 gegen Jugoslawien gewann.
Fast auf den Tag genau vor sechs Jahren hatte Dieter Bur-

denski seinen ersten Auftritt auf der internationalen Fußballbühne. Am 8. Juni 1977 blieb er in Montevideo gegen Uruguay nahezu arbeitslos.
Im zweiten Länderspiel kam er in Stockholm nach der Pause für Sepp Maier ins Tor. Burdenski wurde von den Schweden »kalt erwischt«.
Beim 3:1-Sieg im Dezember 1978 über Vize-Weltmeister Holland erhielt Burdenski erneut die Chance, sich auszuzeichnen. Bei dem Gegentreffer der Holländer machte er allerdings eine schlechte Figur.
Im Europameisterschaftsspiel am 1. April 1979 in Izmir gegen die Türkei konnte er wiederum nur wenig von seinen Qualitäten zeigen. Seine Vorderleute nahmen ihm die meiste Arbeit ab.
Zehn Länderspiele hatte Dieter Burdenski bis zur Europameisterschaft in Frankreich bestritten. So richtig überzeugen konnte er eigentlich in keinem. In all diesen Spielen wurde immer wieder eine Schwäche sichtbar: die Strafraumbeherrschung. Da zeigte der Bremer erhebliche Mängel.
Obwohl für ihn nicht alles nach Wunsch verlief, war Burdenski plötzlich doch erste Wahl für Jupp Derwall. Und zwar genau in dem Jahr, in dem er in Izmir im Tor der Nationalelf gestanden hatte.
Damals hatte der Bundestrainer seiner Nummer eins Sepp Maier aus disziplinarischen Gründen eine Pause verordnet. Beim FC Bayern München hatten zu jener Zeit die Spieler – erfolgreich – den Aufstand geprobt. Nicht zuletzt dank des Einsatzes ihres Kapitäns Sepp Maier verhinderte die Mannschaft, daß für den davongelaufenen Gyula Lorant der »Peitschenschwinger« Max Merkel als neuer Trainer verpflichtet wurde.
Als Folge dieser Rebellion trat Präsident Wilhelm Neudekker zurück. Maier mußte auf das Länderspiel in der Türkei verzichten, weil Derwall keine Unruhe in der Nationalmannschaft haben wollte. So stand damals Burdenski im Tor.

Wenige Monate später war Burdenski, wie erwähnt, dann doch wieder die Nummer eins. Und wieder hatte er das Sepp Maier zu »verdanken«. Der Anlaß war diesmal allerdings sehr trauriger Natur. Sepp Maier hatte am 14. Juli 1979 seinen schweren Autounfall und mußte seine Karriere beenden.

Burdenski war aus dem Schatten von Maier getreten. Doch als 1980 das sinkende Werder-Schiff nicht mehr zu retten war, zog es in seinem Sog auch den Torwart mit. Burdenski bestritt noch sein achtes Länderspiel, das im Bremer Weserstadion mit einem 8:0 gegen Malta endete. Aber jeder wußte, daß diese Partie seine Abschiedsvorstellung war.

Jupp Derwall ließ den Bremer seitdem links liegen. »Budde«, wie er von seinen Kollegen gerufen wird, akzeptierte die Haltung des Bundestrainers. Seine Leistung war wirklich nicht mehr länderspielreif.

Die Misere bei Werder Bremen hatte ihn total verunsichert. Sie ließ sich auch in Zahlen ausdrücken: Im Abstiegsjahr von Werder Bremen mußte Burdenski 93 Gegentore hinnehmen. Fast drei im Durchschnitt pro Bundesligaspiel.

Bevor Burdenski »zweitklassig« wurde, mußte er erfahren, daß er nicht nur bei Derwall, sondern auch bei seinem eigenen Klub nicht mehr erste Wahl war. Die Bremer wären ihn gerne losgeworden, doch es fand sich kein Abnehmer. Burdenskis Kurs an der Spielerbörse war rapide gesunken.

Dieter Burdenski war mit dieser Situation so unzufrieden, daß er selbst den Verein verlassen wollte. Doch niemand wollte ihn: Einerseits war er zu teuer, andererseits waren seine letzten Leistungen wahrlich keine Empfehlung. Zähneknirschend blieb Burdenski. Werder mußte ihn weiter ernähren, weil sein Vertrag noch nicht ausgelaufen war.

Spaß machte es ihm in der zweiten Liga beileibe nicht. Göttingen, Erkenschwick Kiel – das war doch nichts für einen Fußballer, der bereits den Duft der großen, weiten Welt geschnuppert hatte.

Doch es kamen wieder bessere Tage. 1981, als Werder nach einjährigem Gastspiel in der zweiten Liga den sofortigen Wiederaufstieg schaffte. Torwart und Verein zogen plötzlich wieder an einem Strang. Was kümmerte einen der Schnee von gestern. Ein neuer Vertrag besiegelte das gegenseitige Vertrauen.
Unter der Obhut von Trainer Otto Rehhagel entwickelte sich der Schlußmann zu einem »neuen« Burdenski. Er strahlte Ruhe und Gelassenheit aus. Seine Strafraumbeherrschung verbesserte sich.
Burdenski mußte sich alles hart erarbeiten. An Talent war ihm nicht allzuviel mitgegeben worden, obwohl man dies eigentlich hätte erwarten können. Dieter Burdenski war der Sohn eines bekannten Nationalspielers.
Vater Herbert spielte erst für Schalke 04, dann für Werder Bremen. Er schoß 1950 gegen die Schweiz in Stuttgart das erste Länderspieltor für Deutschland nach dem Krieg. Insgesamt trug Herbert Burdenski fünfmal das Nationaltrikot. Zuerst als Rechtsaußen, zum Schluß als Verteidiger.
Als Trainer hatte Vater Burdenski weniger Erfolg. Sein Sohn mußte zusehen, wie er im Februar 1976 von Werder Bremen in die Wüste geschickt wurde. Deshalb hat Burdenski junior auch seinen Plan, einmal Trainer zu werden, ad acta gelegt. Dieser Job ist ihm zu unsicher und zu stressig.
Als Junge hatte Dieter Burdenski seinen Vater zu dessen Spielen begleitet. Mit acht Jahren meldete er sich dann beim STV Horst-Emscher an. Beim selben Verein kickte sein Vater. Schalke 04 hieß »Buddes« nächste Station.
Nach einigen Jahren in der Jugend rückte er mit 18 ins Profilager auf. Die Aussicht auf einen Stammplatz war mehr als gering. Norbert Nigbur hatte diesen Platz fest belegt.
Als Ersatz war sich Burdenski zu schade, so zog er weiter zu Arminia Bielefeld. Der Bundesliga-Skandal radierte die Bielefelder aus der Bundesliga-Landschaft. Burdenskis Wanderschaft endete 1972 in Bremen.

Ein gebrochener Fuß verhinderte für Monate den Einstand bei Werder. Dann kam er endlich ins Tor und blieb dort bis heute. Den »Budde« konnte keiner mehr verdrängen.
Obwohl die Mannschaft gegen den Abstieg kämpfte, rückte Burdenski immer mehr ins Rampenlicht. Über Mangel an Arbeit konnte er sich nicht beklagen. Er tat seine Arbeit so gut, daß er in den Kreis der Nationalmannschaft berufen wurde.
Seit seinem Comeback im Juni 1983 gehört Burdenski wieder dazu. Aber nur als die Nummer zwei. Das hat ihn in letzter Zeit oft gewurmt. Sogar an den Qualitäten von Harald Schumacher hat er herumkritisiert, bis der Kölner sich wehrte. Seitdem hat sich Burdenski wohl mit seinem Schicksal abgefunden.
Damals, als er der Stellvertreter von Sepp Maier war, hat Dieter Burdenski ganz anders agiert. Geschickt servierte er dem Meister aus München Zucker. »Maier ist der Beste, da gibt es gar keinen Zweifel«, sagte er jedem, der es hören wollte. Es sei keine Schande, die Nummer zwei oder drei zu sein. Ein richtiger Diplomat.
Im Jahr 1984 wählte er weniger weise Worte. Der Zorn der frühen Jahre kehrte bei Burdenski zurück. Aber mit seinem Aufbegehren hatte er ja keinen Erfolg.
Scheinbar braucht Dieter Burdenski solche Ausfälle. Recht seltsame Eigenarten hat er auf jeden Fall.
Dieter Burdenski ist abergläubisch. Das gibt er auch unumwunden zu. Er betritt stets mit dem rechten Fuß das Spielfeld. Stets springt er vor dem Anpfiff an die Torlatte.
Und immer, wenn er mit einem Spiel nicht zufrieden war, wirft er seine Torwartkleidung in die Ecke. Beim nächsten Spiel zieht er sich dann einen anderen Torwartpullover an. Es gab eine Zeit, da hatte er fast jeden Samstag einen andersfarbigen Pullover an. Muß er da unzufrieden gewesen sein.

Toni, Weltklasse »us Kölle« – Harald Schumacher

Bis zum 10. Juli 1982 war die Welt von Helga und Manfred Schumacher in Ordnung. Zurückhaltende, fleißige Leute waren sie. Anständig und freundlich. Zu den Nachbarn hatten sie ein gutes Verhältnis.

Der ganze Stolz von Helga und Manfred Schumacher war ihr Sohn Harald. Der Torwart der Nation.

Sein Foul am Franzosen Battiston während der Fußball-Weltmeisterschaft in Spanien veränderte das Leben der Schumachers. Harald Schumacher wurde als »Mörder« beschimpft. Aus dem Strahlemann wurde ein Gejagter.

Die Eltern wehrten sich gegen die Vorwürfe, die von allen Seiten kamen. Er habe das Foul nicht mit Absicht begangen, verteidigten sie ihren Sohn, der innerhalb weniger Tage zum »Flegel der Nation« wurde. Dabei sei er doch immer ein braver Junge gewesen, ein richtiger Kavalier, sagten sie. Die Mutter hatte nur eine Erklärung für den Zwischenfall: »Das Geschäft hat meinen Sohn verdorben.«

Der Zwischenfall dauerte gerade drei Sekunden. Und löschte mit einem Schlag aus, was Harald Schumacher sich in sechs Jahren erarbeitet hatte. Vergessen war, was er für den 1. FC Köln und die Nationalmannschaft geleistet hatte.

Jetzt, nach dem Foul, war er der »häßliche Deutsche«. Und der Sündenbock für die verkorkste Weltmeisterschaft dazu. Schumachers Kopf mußte für die Blamage gegen Algerien herhalten. Für das peinliche Theater gegen Österreich und für das undisziplinierte Verhalten einiger deutscher Spieler in Spanien.

Schumacher wurde beleidigt und bedroht. Er hat sich nicht gewehrt. Er zügelte sein Temperament und hielt seinen Mund, den er sich bisweilen sehr schnell verbrannte. Er spielte die Rolle des großen Schweigers. Eine Rolle, die ganz und gar nicht zu ihm paßte.

Er zog sich zurück und konzentrierte sich nur noch auf den

Fußball. Wenn er jetzt Nerven zeigte, dann würde es ganz schnell zu Ende sein.
Nach ungefähr drei Monaten war das Schlimmste überstanden. Der 5:0-Sieg des 1. FC Köln im Europacupspiel gegen Glasgow hatte Schumacher wieder ins normale Leben zurückgeholt. Der alte Schumacher war wieder da – doch mit Einschränkungen. Er wirkte geläutert, reifer, gelassener. Er dachte zuerst nach, bevor ein Wort über seine Lippen kam.
Schumacher, der während der WM »übermotiviert«, aggressiv wirkte, wollte seine Ruhe haben. Deshalb fuhr er auch nach Frankreich und entschuldigte sich bei Battiston.
Doch sein Versuch zur Versöhnung wurde in der Öffentlichkeit ins Negative gewendet. Tag für Tag mußte er in den Zeitungen neue Haßtiraden lesen. »SS-Mann« und »Nazi« wurde er genannt. Vorsätzliche Körperverletzung wurde ihm vorgeworfen. Doch Schumacher blieb gelassen. Ein Verhalten, das von vielen als Arroganz abqualifiziert wurde.
Das Foul an Battiston verfolgte Schumacher lange. Beim Länderspiel im Frühjahr 1984 in Straßburg bekam er den Haß der Franzosen zu spüren. Bei der Europameisterschaft in Frankreich war es nicht viel anders.
Für einen wie ihn, der seine Fangemeinde wie kaum ein anderer schätzt, keine leichte Situation.
Harald Schumacher hat die Öffentlichkeit nie gemieden. Er suchte sie, um sich in der Gunst des Volkes zu baden. Schumacher hat sich nicht in einer Villa versteckt.
Mit seinem ehemaligen Vereinskameraden Heinz Simmet – ihm hat er übrigens seinen Spitznamen »Toni« zu verdanken – hat er sich ein Doppelhaus gebaut. Direkt an der belebten Hauptstraße eines kleinen Ortes in der Nähe von Köln.
Toni, der Star zum Anfassen, liebt es volkstümlich.
Schumacher mischt sich gerne unters Volk. Während des Karnevals 1983 zog er mit der Kölner Gesangsgruppe »De

Höhner« von Saal zu Saal und ließ musikalisches Talent erkennen. Mit bemaltem Gesicht und roter Pappnase.
Ohne Karneval könnte Toni ebensowenig leben wie ohne das kölsche Bier, ohne Willi Millowitsch und ohne den Kölner Dom.
Tonis Herz schlägt immer für Köln. Von hier ist er genausowenig wegzukriegen wie der Dom. Auch wenn es ihm in einer bestimmten Phase einmal sehr schwerfiel, seinem Verein die Treue zu halten.
Da war der Krach mit Trainer Rinus Michels. Und dann jener 10. September 1983, an dem ihn der Vorstand der Kölner für das Bundesligaspiel gegen Waldhof vereinsintern sperrte und damit eine Serie von 216 Spielen in ununterbrochener Reihenfolge beendete. Tonis Vereinstreue erhielt damals einen schweren Knacks. Nicht aber seine Treue zu Köln.
Deshalb wechselte er auch nicht den Arbeitgeber. Ein Wechsel wäre Schumacher wohl auch wie Verrat an der eigenen Sache vorgekommen. »Ich habe noch nie mit einem anderen Klub verhandelt. Der 1. FC Köln war mein Leben. Für ein paar Mark mehr im Jahr hätte ich diesen Verein nie verlassen«, hat Schumacher damals gesagt.
Die Vereinstreue hat Schumacher etwa eineinhalb Millionen Mark gekostet. Das hat er selbst ausgerechnet. Doch Köln zuliebe hat er darauf verzichtet. Hier gehört er hin und nirgendwo anders.
Mit acht Jahren kam Harald Schumacher zum erstenmal mit dem Fußball in Berührung. Nachbarsjungen hatten ihn mit zum Training bei Schwarz-Weiß Düren geschleppt. Dort, in seiner Heimatstadt, war er zunächst der »Spieler für alles«. Einmal Verteidiger, ein anderes Mal Rechtsaußen.
Eines Tages verlangte dann die Mutter eine Entscheidung von ihrem Sohn. »Du mußt endlich wissen, was du willst. Warum gehst du nicht ins Tor?«
Gesagt, getan. Seitdem gibt es den Torwart Schumacher.

Mutter Schumacher war glücklich. Sie verehrte den damaligen Nationaltorwart Fritz Herkenrath. Genau dem sollte ihr Sprößling nacheifern.
Dabei griff die Mama in die Trickkiste. Immer wenn zu Hause ein Familienfest anstand, forderte sie ihren Harald auf: »Komm Junge, spiel doch mal den Fritz Herkenrath.« Und Harald gehorchte aufs Wort. Wie vom Blitz getroffen sprang er von seinem Stuhl herunter und hechtete durchs Wohnzimmer. Als »Prämie« gab es dann eine Tafel Schokolade.
Unter der gewissenhaften Anleitung eines guten Trainers begann Schumachers Aufstieg. Zunächst stand er im Tor der Dürener Kreisauswahl, dann folgte die Mittelrheinauswahl, die westdeutsche Auswahl und schließlich die Jugend-Nationalelf. Dort war er aber meistens nur die Nummer zwei hinter dem Stuttgarter Helmut Roleder.
Nebenbei absolvierte er noch eine Lehre als Kupferschmied, die er nach dreieinhalb Jahren mit der Note »gut« abschloß.
Da die Ausbildung vorging, gab er dem 1. FC Köln zunächst einen Korb. Der Bundesligaklub wollte Schumacher schon als Jugendlichen nach Köln holen.
Bis zu seinem 18. Lebensjahr blieb Harald Schumacher Schwarz-Weiß Düren treu. Erst zwei Monate nach Abschluß seiner Lehre wechselte er dann zu den »Geißböcken« nach Köln.
Dort wartete eine harte Lehrzeit auf ihn. Fast zwei Jahre ließ man ihn auf der Ersatzbank schmoren. Nur gelegentlich kam er zum Einsatz. Damals stand Gerhard Welz im Kölner Tor. Er ließ sich von seinem Posten nicht verdrängen und besaß darüber hinaus in Trainer Rudi Schlott einen Fürsprecher.
Erst als sich Gerhard Welz schwer verletzte, durfte Toni endlich ran. Das Pech des einen ist im Profifußball oft das Glück des anderen.

Toni packte die unerwartete Chance mit beiden Händen. Jetzt zahlte sich aus, daß er während der endlosen Wartezeit immer eisern trainiert hatte. Toni war so ehrgeizig, daß er auch vor Sonderschichten nicht zurückscheute.
Montags war beim 1. FC Köln immer trainingsfrei. Für Toni Schumacher nicht. Wenn die Kameraden daheim ihre Beine ausruhten, schuftete der trainingsbesessene Torwart. Eine Stunde lang ließ er sich von Konditionstrainer Rolf Herings die Bälle um die Ohren schießen. An die 200 Bälle. Und jeden wollte Toni halten.
Den unbändigen Trainingsfleiß hat Toni Schumacher mit seinem Vorbild Sepp Maier gemeinsam. Ebenso den riesigen Ehrgeiz. Bei beiden hat es sich ausgezahlt.
Es gab allerdings eine Zeit, als ihm gerade sein Übereifer die größten Probleme bereitete. Selbst sein Trainer Hennes Weisweiler hatte größte Mühe, den Ehrgeiz und vor allem das überschäumende Temperament Tonis zu bremsen.
Weisweiler war sogar schon kurz davor, Schumacher abzuschieben. Der 1. FC Köln hatte bereits Kontakte zu Volkmar Groß und Norbert Nigbur geknüpft. Toni stand auf der Abschußliste.
Zwei Ereignisse machten den Zappelphilipp dann zu einem ruhigen jungen Mann. Toni heiratete. Das machte ihn überlegter und ausgeglichener. Und Toni ging zu einer Psychologin. In acht Sitzungen verhalf sie ihm mit autogenem Training zur nötigen inneren Ruhe.
Seitdem schwört Schumacher auf autogenes Training. Bei Länderspielen hat er während der Nationalhymne immer die Augen geschlossen. Dann meditiert er, konzentriert sich auf das Spiel.
Das autogene Training hat Schumacher auch die Gewißheit vermittelt, daß Schmerz nur Einbildung ist. Vielleicht läßt sich dadurch erklären, daß er sich trotz zahlreicher schwerer Verletzungen nie hat unterkriegen lassen.
Die Kreuzbänder in beiden Knien sind durchgerissen. Der

Braunschweiger Frank brachte ihm diese Verletzung bei. Es kommen noch eine Reihe anderer Blessuren hinzu, die er im Kampf mit dem Gegner erlitt: zweimal eine Gehirnerschütterung nach Duellen mit Horst Hrubesch, Rippenbruch nach einem Trainingszusammenprall mit Wolfgang Weber, Zeigefingerbruch nach einem Schuß von Dieter Hoeneß aus kürzester Entfernung. Mit dieser Verletzung spielte Schumacher noch sechs Wochen lang. Und kaum einer merkte es. Fleischwunde am Oberschenkel nach einem Duell mit Klaus Toppmöller, Nasenbeinbruch nach einem Zweikampf mit dem Holländer Nico Jansen im UEFA-Pokalspiel gegen den FC Amsterdam. Mit diesem Nasenbeinbruch spielte Schumacher drei Tage später beim VfB Stuttgart und parierte zwei Elfmeter von Ettmayer und Ellmer.

»Solche Dinge muß man wegstecken«, hat Schumacher gesagt. »Wer das nicht kann, der wird nie ein Großer.«

Harald Schumacher wurde ein großer Torwart. Weil Resignation ein Fremdwort für ihn war.

Zu dem, was er heute ist, wurde Harald Schumacher aber auch durch das Pech seines Vorgängers – durch den Autounfall von Sepp Maier. Das gibt Schumacher ehrlich zu. Erst in zweiter Linie hat ihm das Mißgeschick seines anderen Konkurrenten Norbert Nigbur den Weg in die Nationalmannschaft geebnet.

Nigbur, die Nummer eins vor der Fußball-Europameisterschaft 1980, verletzte sich so schwer, daß er auf eine Teilnahme verzichten mußte. So begann in Italien der Aufstieg des Toni Schumacher.

Toni braucht im Moment keine Konkurrenz zu fürchten. Das weiß er, und das sagt er auch in aller Öffentlichkeit. An Selbstbewußtsein hat es ihm nie gefehlt.

»Aber der Toni kann froh sein«, sagt Jean-Marie Pfaff, »daß ich Belgier bin. Noch. Vielleicht lasse ich mich einbürgern. Dann müßte sich Schumacher aber ganz gewaltig anstrengen, wenn er seinen Stammplatz im Tor behalten will...«

»Spaß beiseite«, so Pfaff weiter, »für mich ist Toni Schumacher der derzeit beste deutsche Torwart. Da gibt es gar keinen Zweifel.
Sepp Maier hat uns beide, Toni und mich, mal unter die Lupe genommen. Sein Urteil: ›Auf der ganzen Welt gibt es keine besseren Torleute als Toni Schumacher und Jean-Marie Pfaff.‹
Wir beide, so hat Sepp nach seinem Test gesagt, sollten zufrieden sein. Der Toni, daß der Jean-Marie die belgische Staatsbürgerschaft hat und ihm die Nummer eins in der Nationalmannschaft nicht streitig machen kann, und ich, daß ich beim FC Bayern spielen darf.
Ich glaube, wir haben uns beide über das Urteil vom Sepp gefreut.«

Die psychologische Situation des Torwarts

Die Mannschaft beginnt mit der Nummer eins

Eines wollen wir gleich am Anfang klarstellen: Der Torwart ist der wichtigste Mann in einer Fußballmannschaft. Eine Fußballmannschaft beginnt nicht mit der Nummer zwei, sondern immer mit der Nummer eins. Das sollte man nie vergessen.

Bei bedeutenden Spielen, wenn es so richtig hart auf hart geht, macht ein guter Torwart 60 Prozent des Erfolgs einer Mannschaft aus. Vorausgesetzt, jeder bringt seine Leistung, und einer kann sich auf den anderen verlassen. Wenn die Abwehrspieler wissen, daß hinter ihnen ein schwacher Mann im Tor steht, werden sie natürlich unsicher. Erfolge kann man dann in den Wind schreiben.

Ein Torwart muß nicht jede Woche ein Bombenspiel liefern. Er muß aber immer dann auf dem Posten sein, wenn er gebraucht wird, wenn es auf ihn ankommt. Steht er dann seinen Mann, wird klar, wie wichtig ein guter Torwart ist.

In einem Spiel, in dem man sechs oder sieben Tore kassiert, ist die Leistung des Torwarts nicht mehr so entscheidend. Da hätte man auch den Trainer ins Tor stellen können.

Der »Körper« einer Fußballmannschaft ist mit dem des Menschen zu vergleichen. Wie der Mensch die Wirbelsäule zum sicheren Gang braucht, so braucht eine Mannschaft ein Rückgrat, das sie aufrecht hält.

Das Rückgrat einer Fußballelf beginnt beim Torwart, führt über den Libero und Vorstopper zum zentralen Mittelfeldspieler und endet beim Mittelstürmer.

Der Torwart kann in diesem »Körper« alle nur denkbaren Funktionen übernehmen. Manchmal ist er der Kopf, manchmal das Herz, manchmal die Seele und manchmal auch der Arsch, der letzte Depp. Aber vor allem ist er die sichere Basis, auf der alle anderen Teile ruhen.

Wie der Mittelfeldregisseur, der dann meist als Kopf der Mannschaft fungiert, sollten der Torwart und die anderen zentralen Figuren die sogenannten Mitläufer nicht vergessen. Sie sind die Kontaktpunkte, über die die Spielzüge laufen müssen. Denn: Wenn du keinen Kontakt hast, kannst du kein Licht machen.

Damit das Rückgrat nicht auseinanderbricht, müssen die einzelnen Elemente aufeinander abgestimmt sein. Das Vertrauen zueinander ist ungemein wichtig. Auch hier steht der Torwart im Blickpunkt. Auf ihn muß hundertprozentig Verlaß sein.

Als Torwart kann man Fehler der Mitspieler ausbügeln. Das ist den Feldspielern bei Torwartfehlern nicht möglich. Begeht der Torwart einen Fehler, hat dies nur in wenigen Fällen *keine* katastrophalen Folgen.

Vertrauen schafft sich ein Torwart durch gute Leistung und Aufmerksamkeit. Er sollte immer konzentriert sein und dies auch seine Mitspieler spüren lassen. Wenn jemand im Tor steht, der keinen Ton von sich gibt, zu dem wird kein Feldspieler Vertrauen haben. Der weiß dann nicht, ist der Keeper eigentlich da, oder schaut er gerade zur Haupttribüne...

Der Torwart muß sich – vor allem bei entscheidenden Spielen – volle 90 Minuten lang konzentrieren – den Ball auch dann noch verfolgen, wenn er auf die Ränge fliegt, mitspielen, mitdenken. Geistig stets auf Ballhöhe sein. Sonnen kann er sich, wenn man gegen einen Amateurklub spielt und mit 12:0 vorne liegt.

Franz Beckenbauer zu Sepp Maier in einem Gespräch: »Solange du redest, weiß ich, daß du da bist. Wenn du nichts sagst, muß ich mich andauernd umschauen, um zu sehen, ob du mitspielst oder schläfst.«

Wachsamkeit und Konzentration. Auch wenn's schwerfällt,

40 Sepp Maier beim »Fangen« (s. Torwartschule) in einem Spiel während seiner letzten Saison für Bayern München in den Jahren 1978/79.
41 Jean-Marie Pfaff dreht einen Ball um den Pfosten (s. Torwartschule, »Ablenken«). Szene aus einem Spiel im Frühjahr 1984.

42 Eine gymnastische Streckübung zur Stärkung von Bauch- und Rükkenmuskulatur.
43 Sprungkraft wird beim Hüpfen über eine Sitzbank gefordert.
44 Der Stärkung der Rücken- und Bauchmuskulatur dient auch diese Übung mit einem Medizinball.

45 Eine Dehnungsübung, um höchste Belastbarkeit für Oberschenkel-, Bauch- und Rückenmuskeln zu erreichen.
46–48 Wer ist schneller am Ball – Jean-Marie Pfaff oder Manfred Müller? Eine Allroundübung, die Reaktionsfähigkeit, Schnelligkeit, Sprungkraft und Fangtechnik schult und obendrein Spaß macht.

46

47

48

49,51 Übungen zur Schulung der Fang- und Falltechnik. Der Ball wird aus kurzer Entfernung plaziert so geworfen oder geschossen, daß der Torhüter ihn mit einem Sprung erreichen kann.

50 Durch »Trommelfeuer« aus kurzer Entfernung wird das Reaktionsvermögen und die Schnellkraft gestärkt. Hier spielt es keine Rolle, ob der Torwart den Ball »erwischt« – Hauptsache, er liegt in der richtigen Ecke und ist wieder schnell auf den Beinen, um den nächsten Schuß zu erwarten.

51

50

52 Jean-Marie Pfaff – »der Held von München«. Nachdem er am 2. November 1983 im Elfmeterschießen gegen PAOK Saloniki drei Strafstöße abgewehrt hatte, verwandelte er selbst den entscheidenden zum 9 : 8-Sieg für den FC Bayern. Augenblikke, die ein Spieler in seiner gesamten Karriere nie mehr vergißt.
53 Sepp Maier bei einem Länderspiel in der Saison 1977/78 in vorbildlicher Haltung bei der Abwehr eines Flachschusses (s. Torwartschule, »Fallen«, »Fangen«).

aber ohne diese beiden Eigenschaften ist man kein guter Torwart. Ein müder Geist ist fehl am Platz.
Der Torwart ist eine Art Schachspieler. Er muß denken, planen, Spielzüge vorausahnen können. Als Torwart muß man sich intensiver mit den Spielzügen beschäftigen als ein Feldspieler. Brenzlige Situationen muß der Keeper im voraus erkennen können. Und dann blitzschnell handeln. Denken darf er nur wenige Sekunden lang. So viel Zeit zum Überlegen wie beim Schach hat ein Torwart nicht.
Zudem hat er es beim Fußball mit lebenden Figuren zu tun, und die lassen sich nicht so ohne weiteres an eine beliebige Stelle dirigieren. Der eine Spieler ist aufnahmewillig, der andere will in Ruhe gelassen werden.
Wie ein Schachspieler braucht auch der Torwart eine gehörige Portion an Erfahrung, um gut zu sein. Die Qualitäten des Torwarts beruhen zu mindestens 40, wenn nicht gar 50 Prozent auf Routine.
Als Jugendlicher gibt man auf Erfahrung nicht viel. ›Was heißt Erfahrung, wir sind einfach besser‹, haben wir gedacht. Erst im Laufe der Zeit haben wir gelernt, was Erfahrung wert ist. Besonders wenn man im Tor steht, hat sie ungemein viel Gewicht. Dagegen kann ein Feldspieler mangelnde Routine oft durch Fleiß und viel Rennerei ausgleichen.
Erfahrungen sollte man das ganze Leben lang sammeln. Nobody is perfect! Man sollte sich nie zu schade sein, von älteren Spielern Ratschläge anzunehmen. Von 20 Tips können 19 unbrauchbar sein. Aber der eine, der was taugt, den verwertet man. – Und schon ist man wieder um ein Stück reifer.
Die »Erfahrungswerte« behält man im Kopf. Sie sind stets abrufbereit. Für ein gutes Stellungsspiel ist Erfahrung unerläßlich.
Fußball ist immer wieder das gleiche Spiel mit einem Ball. Sehr oft entstehen Situationen, die man so oder ähnlich

schon erlebt hat. Oft entwickeln sich Spielzüge, die im Unterbewußtsein oder im Gehirn gespeichert sind und auf die man dann intuitiv reagiert.

Erfahrung ist also das halbe (Torwart-)Leben. Davon kann man nicht genug bekommen. Lob und Anerkennung sind für die psychische Verfassung auch zwei bedeutsame Faktoren, aber wir beide sind darauf gar nicht unbedingt scharf. Hauptsache, wir wissen selbst, daß wir gut waren. Das reicht.

Aufmunterung braucht jeder Mensch. Wieviel, das hängt von seiner Mentalität ab. Ein sensibler Spieler braucht mehr Anerkennung, ein robuster Typ weniger. Das muß der Trainer genau wissen und dementsprechend sein Lob dosieren.

Wir Torleute sind meistens harte Kerle, die auf Streicheleinheiten verzichten können. Wir verlangen von uns selbst eine gute Leistung, ein gewisser Standard ist für uns selbstverständlich. Deshalb machen wir auch keinen Wirbel darum. Die Komplimente erteilen wir uns selbst.

Was ein guter Torwart auf jeden Fall besitzen sollte, ist Autorität. Unter Autorität verstehen wir Persönlichkeit, und eine Persönlichkeit ist ein Mensch, der Durchsetzungsvermögen besitzt. Nur Durchsetzungsvermögen sichert einem Spieler wiederum Respekt und Autorität.

Eine Persönlichkeit zu werden, das ist ein weiter Weg. Wichtig ist allerdings, den richtigen einzuschlagen. Wir wollten immer die Besten sein, haben uns nie mit Platz zwei zufrieden gegeben. Um dieses Ziel zu erreichen, mußten wir den kürzesten Weg gehen – und der ist der schwierigste.

Man muß gegen sich selbst kämpfen, immer wieder Schläge einstecken. Mit dem Widerstand wachsen, Durchsetzungsvermögen zeigen, das macht Torleute aus, die etwas erreicht haben.

Persönlichkeiten reifen nicht nur auf dem Fußballplatz, sie entwickeln sich auch und vor allem im ganz »normalen«

Leben. Erfolg im Beruf, Sicherheit im Umgang mit anderen Menschen tragen dazu bei, auch im Spiel Ruhe und Übersicht zu bewahren.
Einzelsportler, wie Tennisspieler beispielsweise, haben es leichter, zur Persönlichkeit zu werden, als Mannschaftssportler. Bei uns sind zwei Kriterien entscheidend: die Leistung und das Auftreten innerhalb der Mannschaft.
Über die Leistung braucht man nicht zu diskutieren. Die muß stimmen.
Und das persönliche Auftreten im Kreis der lieben Kameraden? Man sollte sicher wirken, selbstbewußt. Vor allem eine eigene Meinung zu den Dingen haben und die auch vertreten können. Aber auch bereit sein, sie zur Diskussion zu stellen.
Mit Radfahren oder Arschkriechen kommt man ebensowenig weiter wie mit Sturheit. Gegenüber dem früheren Bayern-Präsidenten Neudecker verpufften auch die besten Argumente. Seine Meinung war der Weisheit letzter Schluß. Neudecker war so richtig stur.
Ein anderes Beispiel – Paul Breitner. Als Paule zum FC Bayern kam, da hatte er zu allem und jedem eine konträre Meinung. Er war fest davon überzeugt, daß seine Ansichten richtig waren. Paul war stur.
Aber im Laufe der Jahre, in Spanien bei Real Madrid oder danach in Braunschweig, da hat er sich verändert, ist reifer geworden. Er ist sich darüber klargeworden, daß auch die anderen mal einen guten Gedanken haben könnten. Er hat Argumente angehört und sich erst dann seine eigene Meinung gebildet. So wurde aus dem sturen Paul eine Persönlichkeit. Wenn's auch mal hart zuging, er hat nie die Flügel hängen lassen.
Oder Helmut Schön, der Bundestrainer. Er hatte es während der Weltmeisterschaft 1974 verdammt schwer, wenn's um die Aufstellung ging. Aber er machte es richtig. Schön hörte sich an, was erfahrene Spieler wie Beckenbauer, Breit-

ner, Netzer oder Overath zu sagen hatten, prüfte ihre und seine eigene Ansicht und kam erst dann zu einem endgültigen Urteil. Er hat sich alles reiflich überlegt. Schließlich mußte er die alleinige Verantwortung tragen.
Als Sportlerpersönlichkeit hat man es natürlich auch leichter, Fehler und die sich anschließenden Beschuldigungen zu verdauen. Dabei sollte man nie vergessen, daß die wenigsten Tore *allein* auf das Konto des Torwarts gehen.
Vielmehr ist ein Treffer nur die Folge einer Kette von Fehlern. Der entscheidende Fehler, der zum Tor führt, passiert dabei meist schon weit vor dem Strafraum. Das einzig Dumme für uns Torhüter ist, daß dieser Fehler erst dann so richtig ans Licht der Öffentlichkeit kommt, wenn der Ball hinter uns im Netz zappelt.
Den Letzten beißen die Hunde. Aber davon geht die Welt nicht unter. Gewiß gibt es Tore, die voll und ganz auf unsere Kappe gehen. Dann ist man natürlich niedergeschlagen und zerbricht sich den Kopf: Wieso habe ich den Ball reingelassen?
Wenn man ein harter Kerl ist, überwindet man solche Situationen recht schnell und braucht dazu auch keinen Psychologen.
Mit der richtigen Einstellung steckt man derartige Tiefschläge spielend weg. Man sollte aber immer Ursachenforschung betreiben und versuchen, die Fehlerquelle auszumerzen.
Bereits im Training. Dazu muß man sich zwar oft zwingen, aber das hilft nichts. Da muß man durch, auch wenn es nicht immer Spaß macht.
Gerade wir Torleute haben es oft schwer, zum Beispiel bei miesem Wetter: Regen, Matsch und Wasserpfützen – und da sollen wir uns dann hineinwerfen. Da rebellieren Psyche und Körper. Wenn man es aber richtig anfängt, läuft der Motor bald auf vollen Touren, und alle Ängste sind besiegt.
Wir Torhüter haben es schwerer als die Feldspieler. Wir

können uns nicht verstecken. Der Feldspieler kann sich dagegen hinter dem Rücken eines anderen verkriechen und mal Pause machen.
Auf den Torwart aber hat der Trainer immer ein Auge. Deshalb muß er jedem Ball nachjagen. Und er sollte es auch – denn wie man trainiert, so spielt man. Der Satz stimmt allerdings nicht ganz. Es hat Spieler gegeben, die waren im Training Weltmeister, im Spiel dann allerdings Kreismeister.
Dennoch. Ein intensives und konzentriertes Training ist das A und O für einen Torwart. Natürlich braucht er ein spezielles Training – darüber in der »Torwartschule« mehr. Allerdings sollte der Torhüter auch die Fertigkeiten eines Feldspielers besitzen. Ein Torwart muß Allroundspieler sein. Einer, der sich nur auf sein Fach beschränkt, kommt nicht weit. Er erreicht einen gewissen Standard, dann ist Schluß.
Man kann sich jedoch nicht alles aneignen und antrainieren, um ein Klassetorwart zu werden. Auch Talent gehört dazu. Es gibt viele Kollegen, die haben das Talent nicht in die Wiege gelegt bekommen und sich alles hart erarbeiten müssen. Bewundernswert, wie weit sie es oft gebracht haben.
Aber sie tun sich dann im Alter schwer. Wenn man auf die 35 zugeht, kann man nicht mehr so fleißig trainieren wie ein 20jähriger. Das Training wird dann zur Schinderei, und mit der Leistung geht's trotzdem bergab, wenn das Talent fehlt.
Eines ist auf jeden Fall klar: Wenn ein Spieler kein Talent besitzt, kann er noch soviel trainieren, er bleibt – vor allem was Beweglichkeit und Ballgefühl angeht – immer ein Elefant.
Mit der Motivation ist das ganz anders. Die muß man sich immer wieder aufs neue holen. Wir haben uns die Motivation nicht von Bundesliga- zu Bundesligaspiel geholt, sondern uns immer auf ein großes Ziel konzentriert. Meistens

ist das ein Europacupspiel. Die Meisterschaft lief so nebenher mit. Wichtig war nur der Europapokal. Wenn es da Erfolge gab, dann lief es in der Bundesliga von ganz alleine.
Eines sollte man in unserem bisweilen brutalen Geschäft nie vergessen. Menschlichkeit. Im Fußball muß man, um mit Jürgen von Manger zu sprechen, »Mensch bleiben«.
Erfolg ist vergänglich. Nichts ist so schnell vergessen wie der Ruhm. Das geht oft von heute auf morgen. Als Torwart macht man da so seine Erfahrungen.
Da fällt ein Spieler fast 90 Minuten lang nicht auf, hat auf einmal Glück und macht ein Tor. Wegen einer einzigen starken Sekunde ist er der Held des Tages. Wieviel ein Torwart zum Sieg beigetragen hat, das sieht keiner.
Gesehen wird aber, wenn wir einen entscheidenden Fehler machen. Dann sind wir die Sündenböcke und werden nur zu schnell links liegengelassen.
Mehr Menschlichkeit, mehr Gemeinsamkeit würden uns in solchen Situationen helfen. Aber das scheint heutzutage nicht mehr gefragt. Da bist du immer offen und ehrlich, bietest deine Zusammenarbeit an, und die sogenannten Kameraden versetzen dir hintenherum einen Tritt – während sie dich von vorne freundlich anlächeln.
Es gibt vielleicht zu wenig Menschlichkeit im Fußball, weil die meisten das Spiel viel zu ernst nehmen. Dabei gibt es im Leben weitaus Wichtigeres als den Fußball.
So schlimm kann auch die bitterste Niederlage nicht sein, daß man am Leben verzweifelt. So etwas geht vorbei. Genau wie Verletzungen. Nach sechs Wochen kann man wieder spielen. Wieviel schlimmer ergeht es da Menschen, die für ihr ganzes Leben behindert oder gelähmt sind.
Man soll zufrieden sein, wenn man gesund ist, eine glückliche Familie hat. Das wiegt jede Niederlage auf. Manche machen einen Zirkus, als wäre die Welt untergegangen.
Die Welt besteht nicht nur aus Fußball...

Die Torwartschule

Wie man Torwart wird – Ein Gespräch zur Einleitung

Zum Torwarttraining gehören zwei entscheidende Dinge: erstens ein Torwart und zweitens ein Trainer.

Zuerst zum Trainer. Der Torwart ist ein Spezialist in der Fußballmannschaft, also braucht er in gewissem Maße auch ein Spezialtraining. Trainer, die den individuellen Bedürfnissen des Torwarts im Training gerecht werden können, gibt es nicht allzu viele.

Deshalb sollte bereits in der Ausbildung Wert darauf gelegt werden, daß dem zukünftigen Torwart zumindest die Grundlagen des speziellen Torwarttrainings vermittelt werden.

Jean-Marie: Der Sepp ist ein ganz besonderer »Trainer«. Er hat kein Diplom von der Sporthochschule. Aber das ist auch unnötig. Dafür besitzt er so viel Erfahrung, daß er genau weiß, welches Training ein Torwart braucht. Wie der Trainer Sepp Maier mir hilft? Er kann mir alles anschaulich vorführen. So lernt man am besten.

Ich habe übrigens nie einen diplomierten Trainer gehabt. Der eine war bei der Post angestellt, der andere Hafenarbeiter, und der dritte war Rundfunkmechaniker. Aber alle hatten als ehemalige Fußballer sehr viel Erfahrung.

Und mein bester Trainer kam aus der eigenen Familie. Es war mein Bruder François.

Es ist schade, daß viele Trainer vor allem an sich selbst denken. Anstatt sich ins Rampenlicht zu drängen, sollten sie sich intensiver um jeden einzelnen Spieler kümmern. Denn ein Trainer braucht die Spieler. Ohne sie und ihre Einsatzbereitschaft ist er überhaupt nichts.

Ein hervorragender Trainer ist in der Lage, auf die Eigenheiten jedes Spielers einzugehen. Er stellt sich die Aufgabe, aus jedem das Beste herauszuholen.
Ein Spitzentrainer scheut sich nicht, vor allem den jungen Spielern wenn nötig »Feuer unterm Hintern« zu machen. Besonders die Jungen wollen lästigen Pflichten nur allzugern entgehen und auf dem Weg des geringsten Widerstands nach oben kommen. Diese falsche Einstellung muß ein Trainer auf alle Fälle korrigieren.
»Ich möchte auch einmal ein so guter Torwart werden wie du. Was muß ich dafür tun?« Mit dieser Frage bestürmen uns immer wieder Kinder und Jugendliche. Die Antwort ist einfach. Zunächst sollten sie in einen Großverein eintreten. Dort gibt es alle Möglichkeiten, um sein Ziel zu erreichen. Qualifizierte Trainer, optimale Ausstattung und vor allem Aufstiegsschancen. (Vor allem um die eben genannte Frage unserer jugendlichen Fußballfreunde zu beantworten, haben wir die »Torwartschule von A bis Z« zusammengestellt.)
In einem unterklassigen Verein verkümmert auch das größte Talent. Es sei denn, der Jugendspieler hat das Glück und wird von einem Talentsucher der Profiklubs entdeckt. Aber das ist so selten wie sechs Richtige im Lotto.
Bis man ganz oben angelangt ist, ist es ein weiter und harter Weg. Das ist kein Honiglecken. Darüber muß sich jeder im klaren sein. Aber wer genau weiß, was er will, der schafft es dann auch.
Wichtig ist, daß man Spaß am Fußball hat, dann sollte und kann man auch soviel wie möglich trainieren.

Sepp: Ich war damals in einer ganz duften Clique. Aber im Laufe der Zeit hatte ich immer weniger Zeit, mich mit meinen Freunden zu treffen. »Andauernd spielst du Fußball. Die ganze Zeit bist du nur auf Achse«, warfen sie mir vor. »Warum gehst du mit uns nicht mal irgendwohin?« »Ich hab' keine Lust«, war meine Antwort. Am Samstag mußte ich Fußball spielen. Stürmer in der 2. Jugendmannschaft. Und am Sonntag wieder Fußball. Torwart in der »1. Jugend«. Das hat mir halt am meisten Spaß gemacht

Freizeit, das bedeutete damals für uns Fußball. Anders als heute gab es damals natürlich nicht eine so große Auswahl an Unterhaltungsmöglichkeiten.

Nichts gegen Disco, Kino oder Freundin. Ein junger Mann muß viele Interessen haben. Fußball ist nicht alles. Und eines sollte er auf keinen Fall vernachlässigen: die Schule, die Ausbildung im Beruf. Denn man weiß nie, was kommt.

Eine nicht unwesentliche Rolle spielen die Eltern. Sie können viel dazu beitragen, daß aus ihrem talentierten Sohn ein guter Torwart wird. Sie sollten den Jungen nicht verhätscheln, sein Hobby auf jeden Fall befürworten. Und finanzielle Unterstützung dürfte heutzutage kein Problem sein. Für Fußballschuhe, Trikot, Hose, Handschuhe und Socken braucht man keine Reichtümer.

Die Eltern sollten ihrem Sprößling den Sport nicht verbieten. Es ist grundverkehrt und bewirkt meist nichts. Denn wenn einer gern Fußball spielt, dann tut er's auch – trotz Verbot.

Jean-Marie: Nicht jeder wächst in optimalen Familienverhältnissen auf. Ich erinnere mich, daß ich vor rund 12 Jahren eine sehr schwierige Zeit mitgemacht habe. Mein Vater war sehr krank. Meine Mutter saß allein zu Hause mit vielen Kindern. Und ich wollte immer auf den Fußballplatz zum Trainieren. Aber es ging nicht. »Der Vater ist krank«, sagten meine Geschwister. »Du mußt zu Hause bleiben.«

Ein »Torwartvorbild« braucht man nicht unbedingt. Schaden kann es natürlich nicht – wenn es ein gutes Vorbild ist. Denn ein gutes Vorbild inspiriert.

Sepp: Mein Vorbild war Lew Jaschin. Ich habe ihn nur ein- oder zweimal im Fernsehen gesehen, da hat er mir sofort gefallen. Dann habe ich die Spielweise von Jaschin nachgeahmt. So aus Jux. Aber im Unterbewußtsein, da war er schon mein Vorbild. Ich habe gesehen, daß er immer eine Mütze aufsetzte. Also mußte auch ich eine Mütze haben. Ich habe gesehen, wie er zum Ball gehechtet ist und sich dabei eingerollt hat. Also bin ich daheim im Hof auch gehechtet und habe mich eingerollt. »Was, spinnst du schon wieder?« hat mein Vater gesagt.

»Hast du nicht gesehen? Der Jaschin macht's genauso.«

»Dann bist du jetzt der Jaschin«, hat der Vater gesagt.

Mich haben sie dann immer Lew genannt...

Wenn man ein anschauliches Beispiel hat, geht es auch beim eigenen Training leichter – allein, ohne Trainer. Bei gymnastischen Übungen oder Konditionstraining kein Problem. Sogar mit dem Ball kann man allein trainieren. Man muß nur wollen.

Sepp: Früher habe ich bei uns daheim gegen die Hauswand geschossen. Eine halbe Stunde lang bin ich dann hinter dem Ball hergesprungen. Rechts, links, rechts, links.

Dreckig wie eine Wildsau kam ich dann abends ins Haus und habe ein paar Ohrfeigen gekriegt. Aber das war nicht weiter tragisch, die hatte ich nämlich eingeplant.

Außer den Ohrfeigen fielen noch ein Paar Fußballschuhe ab. Die Eltern konnten es nämlich nicht mehr länger ertragen, daß beim Solotraining meine besten Sonntagsschuhe vor die Hunde gingen.

Jean-Marie: Unser Garten in Beveren war ein ideales Trainingsrevier. Ich habe mir früher drei alte Autoreifen genommen, sie aufgestellt und bin dann durch sie hindurchgesprungen. Zwei Eimer und ein Besenstiel, das war meine Hürde. Ideal für Sprungkraftübungen.

Und natürlich die Mauer. Den Ball dagegengeworfen und dann gefangen. Eine bessere Reaktionsschulung gibt es nicht.

Die Ausrüstung ist für einen Torwart »in spe« ein wesentlicher Punkt. Darauf sollte man größten Wert legen. Selbst den kleinsten Vereinen ist es heute möglich, zweckmäßige Ausrüstung und nützliches Trainingsgerät zu besorgen. Wenn man sich dem Fußball verschrieben hat, dann bekommt man auch all das, was man dazu braucht.

Jean-Marie: So vor 12 Jahren, da haben wir fürs Training gerade fünf Fußbälle gehabt. Und das waren dann noch die letzten Eier.

Heutzutage haben doch schon die Schülermannschaften alles, was ihr Herz begehrt. Vornehmlich natürlich in großen Vereinen. Da gehen die kleinen Kinder mit 20 neuen Bällen auf den Platz.

Voraussetzung für ein erfolgreiches Training ist die Vorbereitung. Warmmachen heißt das Gebot der Stunde. Auf keinen Fall kalt ins Tor stellen und sich sofort die Bälle um die Ohren jagen lassen. Der Motor muß erst mal auf Touren kommen.

Vor Trainingsbeginn sollte man sich mindestens 10 bis 15 Minuten lang mit Gymnastik aufwärmen. Den Körper geschmeidig machen. Die Muskeln dehnen. Ins Schwitzen kommen.

Dann macht es nachher viel mehr Spaß. Außerdem ist die Verletzungsgefahr nicht mehr so hoch, wie wenn man sich ohne vorheriges Warmmachen ins Tor stellt.

Aber, Vorsicht! Alles soll locker und leicht über die Bühne gehen. Die gymnastischen Übungen sollten kontinuierlich gesteigert werden. Konditionsbolzerei ist falsch.

Dann kann es mit dem Training losgehen. Für die Dosierung der Trainingseinheiten spielt der Zeitpunkt eine große Rolle. Ende der Woche sollte man einem Torwart nicht mehr alles abverlangen. Den Schwerpunkt muß man im Training am Wochenanfang legen

Die Zeit selbst darf keine Rolle spielen. Hauptsache, man hat sich ein genaues Programm vorgenommen. Das muß man dann konsequent abspulen. Egal, wie lange es dauert. Lieber zwei Stunden lang konzentriert und intensiv trainie-

ren, als eine Stunde im Eiltempo. Hektik schadet. Körper wie Geist müssen frisch bleiben.
Sonst hat das nämlich negative Folgen: Der Torwart hat keine Lust mehr. Aber ein Torwart darf nie die Lust verlieren. Er muß steigerungsfähig sein und darf niemals merken, daß er müde wird. So viel Spaß muß ihm das Training machen.
Spaß an der Freude soll er haben. Dazu sollte der Trainer immer wieder aufs neue den Ehrgeiz und die Laune des Torwarts wecken.
Ein Patentrezept zur Auflockerung gibt es nicht. Gute Worte, lustige Spielereien und juxige Übungen sind nie verkehrt. Insbesondere aber sollte sich der Trainer mit dem Torwart unterhalten. Er sollte nach dem Grund von Unlust suchen, sich mit dem Jugendlichen aussprechen, wenn er Probleme hat. Ein Gespräch unter Männern – das kann Wunder wirken.

Die Torwartschule von (A)blenken bis (Z)iele

Ablenken

Wenn scharfgeschossene Bälle wie Raketen aufs Tor zufliegen, dann ist meistens auch der beste Fang- und Faustkünstler machtlos. Hier hilft nur noch eins: den Ball mit der Hand oder den Fingerspitzen ablenken. Nicht nach vorne, sondern möglichst über die Querlatte oder seitlich vom Tor. Das dazu nötige Fingerspitzengefühl läßt sich kaum antrainieren. Diesen Reflex hat man oder auch nicht.

Abschlag

Beim Abschlag hat der Torwart die Wahl zwischen Dropkick und dem Abschlag aus der Hand. Den Dropkick sollte man nur dann anwenden, wenn man die Technik sicher beherrscht und der Boden glatt ist. Bei unebenem Platz ist der Ball leicht zu verfehlen, weil er unberechenbar aufspringen kann. Der Abschlag sollte möglicherweise immer beim eigenen Mann landen. Was beim Abschlag aus der Hand nicht so einfach ist. Man kann leicht sein Ziel verfehlen. Wenn die eigene Mannschaft unter Druck steht, ist der direkte, weite Abschlag nie verkehrt. Er verschafft Luft.
Welchen Abschlag der Torwart wählt, hängt auch von der Spielsituation ab. Und so viel Hirn besitzt wohl jeder, daß er das selbst entscheiden kann. Eines sollte man aber wissen: Der direkte Abschlag ist die beste Waffe für einen Konterangriff und eine große Entlastung für die eigene Abwehr. Der Dropkick dagegen ist mit viel Risiko verbunden – weil der Schuß oft sehr flach herausgeht und den Gegner leicht in Ballbesitz bringen kann.

Abstoß

Der Abstoß vom Boden ist eine Angelegenheit, um die sich ausschließlich der Torwart kümmern sollte. Es sei denn, er hat zwei linke Füße. Überläßt der Torwart einem Abwehrspieler den Abstoß, dann fehlt dieser in der Abwehr. Ein kurzer Abstoß bis hin zur Strafraumgrenze zu einem Mitspieler ist sinnvoll. Er garantiert, daß der Ball in den eigenen Reihen bleibt.

Abwurf

Ein schnelles, sicheres und kontrolliertes Abspiel ermöglicht der flache Abwurf aus der Hand. Er ist aber nur zu empfehlen, wenn der Mitspieler wirklich freisteht. Der flache Abwurf hat den Vorteil, daß der Spieler den Ball mit dem Fuß annehmen und sofort den Spielaufbau einleiten kann. Bei einem hohen Abwurf müßte der Mitspieler den Ball erst mit der Brust stoppen. Das kostet Zeit. So viel Zeit, daß der Gegner schon zur Stelle ist, bevor der Ball weitergespielt werden kann.
Technisch stellt einen der Abwurf vor keine großen Probleme. Beim flachen Abwurf schleudert man den Ball aus der Hüfte heraus. Der Ablauf ähnelt dem beim Kegeln. Beim hohen Abwurf befördert man den Ball per Schleuderschwung über die Schulter hinweg ins Spielfeld.

Äußere Bedingungen

Mit einem gefährlichen Gegner muß der Torwart rechnen. 90 Minuten lang. Aber es gibt einen »Feind«, der ist unberechenbar. Und hinterhältig: der Wind. Ein Windstoß kann die Flugbahn eines Balles abrupt verändern. Das Fangen wird zum Lotteriespiel, der Torwart zum Clown. Denn nichts ist schlimmer – für die Zuschauer allerdings auch nichts amüsanter –, als wenn er ins Leere greift. Das ist schnell passiert, wenn eine Windbö die Richtung des Balles blitzartig verändert. Es schadet also nicht, wenn man bei

windigem Wetter gelegentlich zur Eckfahne schaut. So kann man sich in etwa ein Bild über Windstärke und -richtung machen.
Kalkulierbare, aber ebenso gefährliche Gegner des Tormanns sind steinharte, gefrorene oder schneebedeckte Plätze. Hier ist wegen der Verletzungsgefahr besondere Vorsicht geboten. Regen ist dagegen weniger tragisch. Manch einer fühlt sich bei einem »Sauwetter« erst richtig in seinem Element. Bei weichem Boden sollte man besonders lange Stollen unter die Schuhe schrauben. Dann hat man sicheren Halt und kommt bei den Aktionen besser vom Fleck. Gute, haftfähige Handschuhe verstehen sich von selbst.

Aufbau

Der Torwart hat eine aufbauende Aufgabe. Mit dem Abstoß, Abschlag oder Abwurf muß er den eigenen Angriff in Gang setzen. Der Ball muß so schnell wie möglich ins Spiel zurück – wenn es keinen Grund zur Verzögerung gibt. Deshalb muß der Keeper in wenigen Sekunden entscheiden, welche Technik er anwenden will. Wichtigste Frage dabei ist: Wie kriege ich den Ball am schnellsten und am sichersten zum eigenen Mann? Der Torwart ist Ausgangspunkt eines jeden Angriffs. Deshalb muß sein Zuspiel genau den eigenen Mann treffen.

Ausdauer

Wem bereits auf der halben Strecke Lust und Luft ausgeht, für den bleibt die große Karriere nur ein Traum. Ausdauer ist ein wesentlicher Bestandteil des Erfolgs. Nur der hartnäckige Kampf um eine bessere Leistung bringt vorwärts. Ausdauer hilft, Krisen – ob privat oder sportlich – zu überwinden. Erfolg braucht Zeit. Er kommt nicht über Nacht. Deshalb sollte man niemals dabei lockerlassen, ein gestecktes Ziel zu erreichen. Hartnäckig am Ball bleiben. Es lohnt sich.

Ausrüstung

Ein Torwart muß nicht gut ausschauen. Er muß gut ausgerüstet sein. Mit der Ausrüstung kommt und geht der Erfolg. Sie sollte optimal sein, damit der Torwart auch Optimales leisten kann. Deshalb unser Rat: An der Ausrüstung sollte nicht gespart werden.

Zweckmäßigkeit ist Trumpf bei der Ausrüstung. Modischer Schnickschnack ist überflüssig. Ein Torwart ist kein Mannequin.

Vielleicht klingt das altmodisch, aber eine ordentliche Erscheinung kann nicht schaden. Das fängt schon bei den Haaren an. Sie sollten kurz geschnitten sein. Sonst verliert man den Durchblick. Und der ist für einen Torwart enorm wichtig.

Den besten Blick für Ball und Spiel hat man, wenn auf eine Mütze verzichtet wird. Wenn die Sonne tief steht, nützt sie ohnehin nichts. Die Augen sollen sich an die unterschiedlichen Lichtverhältnisse gewöhnen. Und die Augen können sich an alles gewöhnen, sogar an die grelle Sonne. Hat der Torwart eine Mütze auf und muß bei einem hohen Ball in die grelle Sonne schauen, dann müssen sich die Augen innerhalb von Sekundenbruchteilen auf die neuen Verhältnisse einstellen. Das klappt allerdings nicht so schnell. Das Ergebnis: Der Blendeffekt ist so stark, daß man für einen Moment blind ist. Und dieser Moment reicht schon, um ins Leere zu greifen.

Die Mütze kann sich der Torwart also sparen. Bälle fangen kann er mit ihr sowieso nicht.

Die Kleidung – Pullover und Hose – muß salopp und bequem sein. Die Bewegungsfreiheit muß garantiert sein. Wenn's hier zwickt und da spannt, kann sich keiner konzentrieren. Nicht eng anliegend, sondern lässig sollte die Kleidung sitzen. Daß sich darunter eine athletische Figur versteckt, weiß ohnehin jeder. Oder?

Elastizität und Bewegungsfreiheit sind die Eigenschaften

eines zweckmäßigen Torwartpullovers. Knöpfe oder Reißverschlüsse wirken störend. Als nützlich erwiesen haben sich elastische Einsätze unter den Achseln und eine dünne Schaumstoffeinlage in der Brustpartie, die den Aufprall des Balles etwas dämpft. Wer es sich leisten kann, sollte gleich zwei Pullover zur Hand haben. Einen dünnen für den Sommer und einen etwas dickeren für winterliche Verhältnisse.

Eine nicht unwesentliche Rolle spielt die Farbe des Pullovers. Unsere Lieblingsfarbe war Schwarz. Nicht weil wir Trauer trugen, sondern weil's elegant aussah. Und außerdem hat man auf dem schwarzen Sweater den Dreck nicht so gesehen.

Seitdem Schwarz verboten ist, bringen die Torleute viel Farbe ins Spiel. Jetzt stehen keine schwarzen Männer mehr im Tor, sondern farbenprächtige Kerle. Was nicht schlecht ist. Schließlich muß man mit der Zeit gehen. Das Farbfernsehen ist mittlerweile ja immer dabei.

Mit den bunten Farben ist das so eine Sache. Vor allem mit den grellen, die heute so in Mode sind: Knallgelb, Leuchtendgrün, Strahlendblau oder Poppigrot. Gewiß, man fällt auf. Aber gerade das kann von Nachteil sein.

Eine Schockfarbe kann wie ein Magnet wirken. Sie zieht die Bälle unwillkürlich an. Im Ernst. Wir haben's in unserer Praxis oft genug erlebt.

Wenn ein Stürmer etwa 30 Meter vor dem Tor steht, dann kann er den Kasten nicht genau ausmachen, wenn eine Reihe Abwehrspieler vor ihm postiert ist. Er hat keinen Anhaltspunkt, wenn jetzt auch noch der Torwart unauffällig gekleidet ist. Kein Ziel, das er genau anvisieren kann.

Ein greller Torwartpullover dagegen bietet diesen Orientierungspunkt. Schon aus dem Augenwinkel sieht der Gegner die Leuchtfarbe. Das Ziel wird angepeilt, der Schuß abgegeben. Bei Schüssen aus größerer Distanz ist immer mit einer Abweichung von zwei bis drei Metern zu rechnen. Und das

ist genau die Entfernung, die der Torwart auch bei schneller Reaktion nicht mehr überwinden kann.
Deshalb unser Rat: Bei der Wahl des Pullovers sollte man sich für gedeckte Farben entscheiden. Bunte Vögel gibt es in unserem Geschäft genug.
Wie beim Pullover sollte man sich auch durch die Hose nicht in seiner Bewegungsfreiheit einschränken. Salopp, weit geschnitten sollte sie sein. Nicht so ein knallenges Ding, wo links und rechts die Nähte reißen, wenn man eine Grätsche macht.
Man sollte sich nicht nach der Mode richten. Zweckmäßig und praktisch muß die Hose sein. Lang und gepolstert, denn in den kleinen Vereinen wird oft noch auf Aschenplätzen gespielt. Da schützt man sich durch längere Hose vor Hautabschürfungen. Und die Polsterung vertreibt die Angst vor dem Schmerz. Ein Torwart darf nie das Gefühl haben, daß er sich beim Werfen weh tut. Sonst hat er nämlich Angst. Und wenn er Angst hat, wird er nie die nötige Leistung bringen.
Gute Dienste auf Hartplätzen leisten auch Knieschoner. Sie schützen vor Verletzungen und verdrängen ebenfalls die Angst vor dem Fallen und Springen.
Bei den Strümpfen – besser gesagt Stutzen – ist folgendes wichtig: Für den besseren Sitz ist ein Stutzen mit ganzem Fuß ratsamer als einer mit einem Steg. Der Stoff sollte möglichst dünn sein, dann ist das Ballgefühl besser. Aus demselben Grund sollte man auf zusätzliche dicke Wollsokken verzichten.
Bei den Fußballstiefeln kann man eigentlich nichts falsch machen. Die Marke spielt keine Rolle. Schon in der unteren Preisklasse sind Schuhe von guter Qualität erhältlich.
Dringend zu empfehlen sind Stollenschuhe. Die Länge der Stollen richtet sich nach den Witterungs- und Platzverhältnissen. Wichtig ist, daß der Torwart mit denselben Schuhen spielt, die er auch beim Training benutzt.

Genauso wichtig ist, daß neue Fußballschuhe im Training etwa 14 Tage »eingespielt« werden, bevor man sie im Spiel anzieht. Damit sich die Füße an die neuen Stiefel gewöhnen. Das ist so wie bei einem neuen Auto. Das muß erst eingefahren werden, ehe es voll belastet werden kann.
Einen Tip möchten wir hier weitergeben: Wenn man den vorderen Stollen etwas kürzer wählt, entgeht man der Gefahr, mit den Schuhen in weichem Boden oder hohem Rasen steckenzubleiben.
Und nun zum wichtigsten Utensil des Torwarts, den Handschuhen. Ohne gute Handschuhe sollte man sich gar nicht erst ins Tor stellen. Am besten ist, man beschafft sich gleich zwei oder drei Paar. Dann ist man für jedes Wetter gerüstet. Wenn nämlich ein und dasselbe Paar bei Trockenheit und Nässe benutzt wird, sind die Handschuhe sehr schnell verschlissen.
Sparen sollte man bei den Handschuhen nicht. Besser ein Paar teure, aber gute kaufen als zehn Paar billige.
Gute Handschuhe garantieren Sicherheit in allen Situationen. Bei jedem Wetter. Vor allem für nasse Witterung gibt es heutzutage optimale Handschuhe. Eine Schaumgummieinlage sorgt dafür, daß die Nässe des Balles aufgesaugt wird und er besser haftet.
Auch wenn's komisch aussieht – Torwarthandschuhe sollten immer um ein oder zwei Nummern größer genommen werden als normale Handschuhe. Das hat folgenden Effekt: Zwischen Handschuh und Finger entsteht ein Luftpolster, das die Geschwindigkeit des Balles abbremst.
Mit Phantasie und Ideen kann man sich noch etliche Hilfsmittel zaubern. Ob sie auch wirklich nützlich und hilfreich sind, ist eine andere Frage. Oft beruht die angebliche Wirkung eines »Zaubermittels« auf bloßer Einbildung. Aber wenn man ernsthaft daran glaubt, daß man damit besser ist, sollte man alles ausprobieren und auch benutzen. Denn der Glaube versetzt manchmal Berge.

Autorität

Ohne Autorität kommt ein guter Torwart nicht aus. Autorität ist Persönlichkeit. Und Persönlichkeit besitzt ein Mensch, der durchsetzungsfähig ist. Wer das ist und noch einen guten Schuß Selbstvertrauen dazu hat, der erreicht Autorität und eine gewisse Führungsqualität. Die braucht ein Torwart, um seine Vorderleute dirigieren zu können. Vorausgesetzt, seine »Macht« wird von den Mitspielern akzeptiert.

Ball

Der Ball ist rund. Das hat Sepp Herberger einmal gesagt. Rund waren die Bälle allerdings nicht immer. Wir hatten noch mit Bällen zu tun, die mehr einem Ei glichen. Heutzutage ist die Qualität so gut, daß der Torwart nicht mehr mit der Tücke dieses Objekts kämpfen muß. Die modernen Lederbälle sind mit einer Plastikhaut überzogen. Sie verhindert, daß sich das Leder mit Nässe vollsaugt und so zu schwer wird. Darüber hinaus sind die Bälle dadurch strapazierfähiger. Darauf sollte man achten: den Ball schon im Training möglichst hart aufpumpen. Das härtet ab und bereitet einen richtig aufs Spiel vor.

Doping

Davon halten wir überhaupt nichts. Wer Talent hat, braucht kein Doping. Wer kein Talent hat, wird nie ein guter Torwart. Auch nicht mit Doping.

Eckball

Voraussetzung für das sichere Abfangen von Eckbällen ist die Grundaufstellung der Abwehrspieler. Sie sollte im Training einstudiert werden. Die Abwehrspieler müssen ihre Positionen nach den Anweisungen des Torwarts einnehmen. Die Aufstellung muß so oft geübt werden, daß sie in Fleisch und Blut übergeht. Nichts sollte dem Zufall überlassen

werden. Sonst kriegt der Torwart Ärger. Er ist nämlich für die Stellung seiner Vorderleute verantwortlich.
Die Aufstellung bei Eckstößen ist von Torwart zu Torwart verschieden. Es kommt auch darauf an, wer der Schütze ist und wie er den Eckball hereinbringt. Schlägt er ihn scharf und halbhoch vors Tor, hebt er ihn gefühlvoll in den Torraum oder weit hinein in den 16-Meter-Raum? Das sind Fragen, die der Torwart möglichst schon vor der Ausführung des Eckstoßes für sich beantwortet haben sollte. Er sollte die Ideen und Absichten des Schützen vorausahnen können. Eine Eigenschaft, die er sich nur durch langjährige Erfahrung erwerben kann.
Eine Grundaufstellung gibt's jedoch. Unsere sieht so aus: Ein Mann postiert sich etwa neun Meter vor dem Schützen, einer am vorderen Torpfosten, ein weiterer etwa drei Meter vor dem hinteren Pfosten. Daß jeder Gegenspieler im Strafraum gedeckt sein muß, ist eine Selbstverständlichkeit. Segelt der Ball vors Tor, braucht man das richtige Timing. Das heißt, man muß ein Auge für den richtigen Zeitpunkt des Absprungs haben, um noch vor dem attackierenden Gegner an den Ball zu kommen.

Einstellung

Ans Auto denken. Wenn Zündung und Vergaser nicht richtig eingestellt sind, bringt der Motor nicht seine volle Leistung.
So ähnlich ist's auch im Sport. Hat man als Jugendlicher nicht die richtige Einstellung zu seinem Hobby, das später vielleicht einmal zum Beruf wird, dann bringt man nie die nötige Leistung.
Die Beziehung zum Sport muß wie eine große Liebe sein. Spitzenleistungen kann man von sich selbst nur dann erwarten, wenn man seine Energie auf den Sport, in diesem Fall den Fußball, konzentriert. Natürlich darf man dabei Schule, Ausbildung oder Beruf nicht vernachlässigen. Aber wenn

man sich als Freizeitbeschäftigung das Fußballspielen ausgesucht hat, sollte man sich ihm »ohne Wenn und Aber« widmen.
Wer, wie wir es waren, schon als junger Mensch sehr eng mit dem Fußball verbunden ist, der will automatisch Leistungen bringen. Wir konnten es von einem Sonntag auf den anderen nicht erwarten, so verrückt waren wir auf das Spiel. Man muß in der Tat schon ein Fußballnarr sein, wenn man als 16jähriger freiwillig viermal in der Woche bei Wind und Wetter zweimal 25 Kilometer auf dem Moped zurücklegt, um sich von seinem Trainer schlauchen zu lassen. Oder wenn man als 14jähriger jeden Tag um fünf Uhr in der Früh' aufsteht, um auf verlassenen Straßen seine Runden zu drehen. Wir waren so verrückt. Und haben es bis jetzt nicht bereut.

Elfmeter

Mit dem Elfmeter braucht man sich nicht allzulange aufzuhalten. Es gibt gefährlichere Situationen für einen Torwart. Ein Elfmeter kommt nicht jede Woche und nicht in jedem Spiel vor. Und ein Schlußmann hat bei einem Elfmeter nicht so viel zu verlieren wie der Schütze. Deshalb ist auch die Nervenbelastung für einen Tormann nicht so groß. Man kann ganz locker an die Sache rangehen, denn man kann nur gewinnen.
Eine gehörige Portion Glück gehört dazu, will man einen Elfmeter »töten«. Ein Patentrezept gibt es nicht. Aber einige Hilfsmittel. Das fängt mit dem Elfmeterschießen im Training an. Dann kann man den Schützen vor der »Exekution« studieren und anhand seiner Bewegungen eventuell Rückschlüsse auf die Schußrichtung ziehen. Oder man bietet dem Schützen durch eine Körperbewegung eine Ecke an. Oder führt genau Buch über die Elfmeterschützen in seiner Spielklasse.
Das beste Mittel ist jedoch, sich vor dem Schuß eine Ecke

vorzunehmen. Die darf man dem Schützen natürlich nicht andeuten. Ruhig stehen bleiben und abwarten. Ist der Ball »abgefeuert«, wirft man sich blitzschnell in die anvisierte Richtung. Jetzt muß der Elfmeter schon äußerst plaziert getreten sein, um ins Tor zu gehen.
Mit dieser Methode besitzt der Torwart nach unseren Erfahrungen die besten Chancen, einen Elfmeter abzuwehren. Und wie gesagt: Glück gehört dazu. Aber das hat ja bekanntlich nur der Tüchtige.
Wir möchten hier noch eine Anregung loswerden, die das Elfmeterduell zwischen Torwart und Schütze attraktiver gestalten könnte. Zunächst sollte einem Torwart erlaubt sein, sich vor dem Schuß bewegen zu dürfen. Dann schlagen wir vor, daß sich der Tormann einen Schritt vor die Torlinie stellen darf. Oder besser noch: Er darf raus bis zur Torraumlinie. So wie beim Hallenhandball, wo der Torwart beim Siebenmeter sein Gehäuse verlassen darf. Die Reaktionszeit für den Tormann verkürzt sich dadurch natürlich erheblich. Seine Abwehrchancen sind aber trotzdem noch größer als bei der jetzigen Elfmeterregel.

Ernährung

Daß wir Fußballer in lukullischer Hinsicht oft als Asketen angesehen werden, ist ebenso falsch wie die Behauptung, unser Essensplan würde von Ernährungswissenschaftlern aufgestellt. Richtig ist, daß sich ein Fußballer einen ganz normalen Speiseplan leisten kann. Richtig ist auch, daß sich ein Fußballer kein Pfund zuviel leisten darf, wenn er erfolgreich sein will.
Übergewicht schmälert die Leistung und damit den Erfolg. Dies sollte vor allem ein Torwart nicht vergessen. Jedes Kilo zuviel belastet die Gelenke, die Wirbelsäule und die Muskeln. Außerdem ist es nicht gerade angenehm, wenn ein schwergewichtiger Körper auf den Boden aufprallt. Obwohl manche behaupten, ein Fettpolster würde dämpfen.

Es hieße Eulen nach Athen tragen, wollte man den Spielern kleiner Vereine Essensvorschriften machen. Sie essen vor dem Spiel sowieso ihren Schweinebraten – was grundverkehrt ist. Besonders fetthaltige Speisen brauchen viel Zeit, bis sie verdaut sind. Das belastet den Kreislauf. Und daß der Geist frisch ist, kann man auch nicht erwarten, wenn das ganze Blut im Magen gebraucht wird. Daher die Faustregel: vier Stunden vor dem Spiel möglichst nichts mehr essen. Vor allen Dingen keine schwere Kost. Ein kleines Stück mageres Fleisch und etwas Obst sind gerade noch erlaubt. Während des Spiels muß der Magen schon ein wenig arbeiten.

Nach dem Spiel – und auch nach dem Training – sind größere Portionen ein Muß. Der Körper hat viel Energie verloren. Eine eiweißreiche, vitamin- und mineralhaltige Kost können wir da nur empfehlen. Auch daran denken, dem Körper die verlorene Flüssigkeit wieder zuzuführen! Am besten mit Fruchtsäften, Tee oder Mineralwasser.

Apropos trinken. Hier sollte sich jeder angehende Torwart bereits früh am Riemen reißen. Insbesondere beim Alkoholgenuß. Man braucht sich nicht gleich »trocken«zulegen. Ein oder zwei Glas Bier haben uns eigentlich nie geschadet. Manchmal waren es auch mehr. Aber dann hatten wir auch was zum Feiern. Das ist die Ausnahme: Bei Titelgewinnen darf getrunken werden. Ansonsten heißt es Maßhalten mit dem Alkohol. Andernfalls leiden die Konzentration und die Kondition.

Den Tip wollen wir hier geben, es einmal mit Milch zu versuchen. Jeden Morgen, ob vor dem Training oder dem Spiel. Das wirkt Wunder. Denn Milch macht müde Männer munter.

Von Muntermachern in Form von Kraftfutter oder Pillen halten wir nicht viel. Kraft kann man sich nicht anfressen. Die muß man sich im Training holen. Ein intensives Konditionstraining ist besser als jede Kraftpille.

Unentbehrlich sind dagegen Vitamine. Am besten in Form

von frischem Obst oder Gemüse. Vor allem nach der Saison, in der Sommerpause, kann der Körper einen ordentlichen Vitaminstoß vertragen. Dann ist man fit für die neue Spielzeit.
Das alles sollen Anregungen sein. Keine Vorschriften. Denn jeder muß selbst wissen, was sein Körper braucht und was er seinem Körper zumuten kann.

Fallen

Der Torwart kann ganz schön auf die Nase fallen, wenn er die Falltechnik nicht beherrscht. Beim Fallen besteht immer Verletzungsgefahr. Deshalb sollte man es üben und immer wieder üben. Bis der Bewegungsablauf in Fleisch und Blut übergegangen ist. Am besten bei allen denkbaren Bodenverhältnissen. Und im Winter, wenn ein Training im Freien nicht möglich ist, kann man sich in der Halle mit einer Schaumgummimatte helfen.
Wichtig beim Fallen ist, daß man sich auf die Körper*seite* fallen läßt. Landet man nämlich auf dem Bauch, besteht die Gefahr, daß der Ball unter dem Körper durchrutscht.
Mit dem »Fall«-Training beginnt man am besten auf weichem Boden. Zwei Übungen schlagen wir vor: Für die erste braucht man einen Partner, der einem die Bälle abwechselnd flach und hoch zuwirft. Die andere Übung kann man allein absolvieren. Dazu nimmt man zwei Bälle und legt sie ungefähr in Torbreite rechts und links neben sich auf den Boden. Man selbst stellt sich in die Mitte. Dann springt man wechselweise mal links, mal rechts nach dem Ball. Diese Übung ist auch mit vier oder sechs Bällen auszuführen, indem man diese wie ein Quadrat oder ein Sechseck auf den Boden legt.
Auch wenn es noch so spektakulär ist und den Zuschauern gefällt – zum Ball hechten, springen oder fallen sollte man nur, wenn es die Situation erfordert. Ein Torwart, der an »Fallsucht« leidet, ist kein guter Torwart. Ein guter Torwart

zeichnet sich durch Stellungsspiel aus. Und gutes Stellungsspiel macht so manche Parade überflüssig.

Fangen

Das Fangen oder die Ballaufnahme ist die wichtigste Aufgabe des Torwarts. Diese Technik sollte er so lange üben, bis er sie im Schlaf beherrscht. Schon im Training muß man sich dazu zwingen, jeden Ball, egal wie er kommt, zu fangen und sicher zu halten. Achtung beim Stellungsspiel! Das kann das Fangen des Balles wesentlich erleichtern.
Bei der Aufnahme von flachen Bällen empfehlen wir eine weite Grätschstellung der Beine. Das vergrößert den Aktionsradius. Diese Technik ist aber nur möglich und wirkungsvoll, wenn man mit den Händen weit nach unten kommt. Bei gutem Training ist das machbar.
Bei halbhohen Bällen gilt grundsätzlich: Den Ball nicht auf den Körper aufprallen lassen, sondern schon vor der Brust mit beiden Händen abfangen. So verhindert man, daß ein scharfgeschossener Ball vom Körper zurückspringt. Hohe Bälle sollte der Tormann, sobald er sie aus der Luft gefischt hat, sofort an die Brust ziehen. Dann kann er den Ball bei einer Attacke des Gegners nicht mehr verlieren.
Wichtig beim Fangen ist die Haltung der Hände. Sie sollten wie eine Schaufel den Ball umklammern. Es ist wichtig, daß die Finger weit gespreizt sind und der Daumen und der Zeigefinger hinter den Ball kommen. Sonst rutscht vor allem ein nasser Ball sehr leicht durch die Hände durch und ins Tor.
Üben kann man die Fangtechnik, indem der Torwart sich von den Mitspielern Bälle aus zwei bis zehn Metern Entfernung aufs Tor schießen läßt. Flach, halbhoch und hoch. Scharf und weich. Von der Mitte und der Seite.

Fausten

Der Torwart ist ein Ballfänger und kein Faustkämpfer. Die Faustabwehr ist immer eine Notlösung und sollte nur dann benutzt werden, wenn das Fangen wirklich ein großes Risiko ist. Diese Situation gibt es. Beispielsweise bei Schüssen aus kürzester Distanz, bei Regen oder schlammigem Boden. Da bleibt einem oft nichts anderes als die Faustabwehr übrig.

Wir unterscheiden zwei Arten der Faustabwehr. Das einarmige oder das beidarmige Fausten. Wir raten zum Fausten mit einem Arm. Denn wenn man mit beiden Händen an den Ball kommt, kann man ihn auch fangen.

Wichtig ist, daß der Ball nicht nach vorne weg-, sondern zur Seite gefaustet wird. So bringt man den Ball erst einmal aus der Gefahrenzone. Ob er dann bei einem Mitspieler landet oder beim Gegner, ist kaum zu beeinflussen. Die Ungenauigkeit ist ein großer Nachteil bei der Faustabwehr. Man weiß nicht genau, wo der Ball hinfliegt. Vielleicht zum Gegner. Der sagt dann »danke« und hebt einem den Ball ins Netz. Daher gilt: Fausten nur in Notfällen. Fangen ist besser. Da kann der Torwart seine Mitspieler wieder einsetzen und das Spiel selbst bestimmen.

Die Fausttechnik kann man im Training mit hohen Flanken, Eckstößen oder durch Zuwerfen des Balles üben. Zu beachten ist, daß die Arme angewinkelt sind. Während des Sprungs erlebt man einen Sekundenbruchteil lang eine Ruhepause in der Luft. In diesem Moment muß man den Arm aus der Schulter heraus seitlich zum Ball schleudern. Dabei sollte man die Wucht des Körpers in den Schlag hineindrehen.

Mit ausgestrecktem Arm zu fausten ist schlecht. Da ist keine Kraft im Arm. Stets sollte man darauf achten, daß man mit der geschlossenen Faust zum Ball geht. Und nicht den Daumen in die Faust stecken! Das kann ganz schön schmerzhaft sein und zu Verstauchungen führen.

Feldspieler

Schaden kann es nicht, wenn ein Torwart Erfahrung als Feldspieler hat. Denn ein Tormann ist ein Allroundspieler. Er muß grundsätzlich die gleichen technischen und taktischen Fertigkeiten wie ein Feldspieler besitzen. Deshalb raten wir dem angehenden Tormann, während des Trainings nicht immer nur im Tor zu stehen, sondern auch einmal als Spieler im Feld zu agieren. Während des Spiels gibt es oft genug Situationen, in denen man seine Qualitäten als Feldspieler beweisen kann und muß. Da ist man dann kein Torwart mehr, sondern Verteidiger – zum Beispiel, wenn ein Gegner mutterseelenallein aufs Tor zustürmt und der Torwart aus dem Kasten heraus muß.

Durch das Herauslaufen verkürzt er den Schußwinkel des Angreifers und zwingt ihn zum Überspielen. Damit kann man oft soviel Zeit gewinnen, daß ein Mitspieler zu Hilfe kommen kann.

Wenn die eigene Mannschaft angreift und sich das Spiel vor dem Tor des Gegners abwickelt, sollte der Torwart immer ungefähr 16 bis 20 Meter vor dem Tor stehen. So kann er den Kontern des Gegners rechtzeitig begegnen.

Flanke

Der Torwart muß sich bei einer Flanke im allgemeinen so wie beim Eckball verhalten. Das Vorausahnen – kommt der Ball hoch in den Strafraum oder nur halbhoch, wird die Flanke mit Effet geschlagen, oder kommt eine »Bananenflanke«? – ist wichtig und äußerst hilfreich.

Ist der Ball vorm Tor oder im Strafraum »angelangt«, darf der Torwart nicht zu spät abspringen. Wenn möglich, sollte er noch vor dem gegnerischen Spieler in die Luft gehen.

Wann der Keeper nun seinen Platz auf der Torlinie verläßt, liegt allein in seinem Ermessen. Wenn er sich zum Herauslaufen entschlossen hat, dann muß er den Ball unter allen Umständen erwischen. Dann darf er es sich nicht wieder anders überlegen. Abstoppen oder zurückgehen wäre grundverkehrt. Jedes Zögern rächt sich im Handumdrehen. Wie beim Eckball muß sich der Torwart auch bei einer Flanke bemerkbar machen. Bloß nicht stumm wie ein Fisch sein, sondern die Vorderleute mit lauten Zurufen dirigieren. Sie müssen immer darüber im Bilde sein, was der Tormann vorhat. Das Schlimmste ist nämlich, wenn einem die eigenen Leute im Wege stehen. Da kann es dann schon einmal passieren, daß man die Mitspieler über den Haufen rennt. Durch Zurufen kann man das verhindern.

Fliegen

Beim Fliegen gilt dasselbe, was wir schon zum Thema Fallen gesagt haben: nur nicht übertreiben. Gutes Stellungsspiel ist sicherer und ökonomischer als jede noch so schöne Flugparade. Gewiß, Show im Fußball muß sein. Aber in Maßen. Und eine Beobachtung haben wir gemacht: Torhüter, die nur durch den Strafraum fliegen, sind und werden keine guten Tormänner.

Start und Landung spielen beim Fliegen die wesentlichsten Rollen. Zum Starten sind Sprung- und Schnellkraft unerläßliche Voraussetzungen. Beim Landen muß man aufpassen, daß man seitlich auf dem Körper aufkommt, nicht auf dem Bauch aufklatscht und den Aufprall durch Abrollen dämpft. Sonst kann es böse Verletzungen geben.

Eines sollte man nicht vergessen: Wenn man sich schon entschieden hat, den Ball mit einem Hechtsprung oder einer Flugparade zu erreichen, dann muß man ihn auch erwischen. Wenn der Torwart nämlich ins Leere segelt, sieht er ganz schlecht aus. Dann handelt er sich ganz schnell den wenig schmeichelhaften Ruf eines »Fliegenfängers« ein.

Als wirkungsvolle Übungen zur Stärkung der Sprungkraft empfiehlt sich das Abspringen mit einem Bein. Muskelstärkend ist auch das Abspringen auf sandigem Boden.

Foulspiel

Foulspiel sollte nicht sein. Gewiß, der Torwart genießt vielleicht so etwas wie Narrenfreiheit im 16-Meter-Raum. Das ist sein Reich. Da drücken die Schiedsrichter schon einmal ein Auge zu. Aber wenn der Torwart ein grobes Foul begeht und die »Notbremse« zieht, dann muß der Schiedsrichter pfeifen. Und es gibt Elfmeter.

Umgekehrt ist der Torwart manch unbeabsichtigtem Foul der Stürmer ausgesetzt. Im Eifer des Gefechts vor dem Tor bekommt er schon mal einen Tritt oder einen Schlag ab. Dann sollte er sich gewaltig zusammenreißen und nicht aus der Haut fahren. Wenn man besonnene Mitspieler hat, dann bewahren die einen davor, daß man einem Gegner an den Kragen geht. Der Fußballtorwart hat eine ähnliche Ausnahmeposition wie sein Kollege beim Eishockey. Wenn er gefoult wird, sind gleich alle Kameraden bei ihm, um ihn vor weiteren Attacken zu schützen und ihn von unbedachten Aktionen zurückzuhalten.

Freistoß

Der Freistoß stellt den Torwart vor eine gefährliche Situation. Wenn er schon über einige Erfahrung verfügt, kann er in etwa die Ideen und Absichten des Freistoßschützen im voraus erkennen. Für jede Freistoßvariante sollte man das nötige Gegenmittel parat haben. Deshalb sollte man alle erdenklichen Möglichkeiten bereits im Training proben.

Entscheidend bei einem Freistoß ist, wie die Mauer der Abwehrspieler postiert ist. Für die Aufstellung der Mauer ist der Torwart zum großen Teil verantwortlich. So sollte schon vor dem Spiel abgesprochen werden, wer sich in die Mauer stellt. Feiglinge sind in der Mauer nicht zu gebrauchen.

Die Anzahl der Spieler in der Mauer richtet sich nach der Situation: Wird der Freistoß von der Seite geschossen, raten wir zu einer geschlossenen Mauer mit maximal vier Spielern; wird er von der Mitte geschlagen, kann eine geteilte Mauer von Vorteil sein. Die Abwehrspieler lassen eine Lücke, durch die der Torwart Sicht auf den Freistoßschützen hat. Der Torwart muß den Ball immer im Blick haben. Das ist genauso wichtig wie die Abstimmung mit den Spielern in der Mauer. Sie müssen so postiert werden, daß sie einen Teil des Tores abdecken.

Grundsätzlich unterscheiden wir zwischen zwei Arten des Freistoßes: dem indirekten und direkten Freistoß. Der indirekte ist der weitaus gefährlichere. Der Ausführende kann den Ball abspielen und einen Mitspieler dadurch in eine bessere Schußposition bringen. Aber auch dagegen gibt es ein Störmittel. Ein Mann aus der Mauer sollte, sobald der Ball gespielt ist, nach vorne losstürmen und versuchen, den Schützen abzublocken. Eine Aufgabe, die einen ganzen Kerl erfordert.

Die Mauerbildung sollte im Training intensiv geübt werden, damit später im Spiel jeder weiß, was er zu tun und wo er zu stehen hat. Denn im Ernstfall muß die Mauer blitzschnell aufgestellt sein.

Fußabwehr

Die Fußabwehr ist nur dann angebracht, wenn sich ein Torwart durch waghalsige Fangaktionen selbst gefährden könnte. Wenn man sich mit dem Kopf vornüber auf die Füße des Angreifers stürzt, ist die Verletzungsgefahr sehr groß. In solch riskanten Situationen ist eine Fußabwehr vorzuziehen.

Man sollte so weit vorausschauen können, daß man die Fußabwehr also nur im äußersten Notfall anwendet. Sie ist, wie auch das Fausten, immer nur eine Notlösung.

Muß man den Ball außerhalb des 16-Meter-Raums abwehren, bleibt natürlich nichts anderes übrig, als den Ball mit dem Fuß wegzuschlagen. Oder man versucht es mit einem Kopfball.

Gewicht

Einen gewichtigen Eindruck sollte ein Torwart schon machen. Aber nicht mit Übergewicht. Als schwergewichtiger Bulle imponiert er dem Gegner bestimmt nicht. Das Gewicht hängt von der Körpergröße und vom Alter ab. Vom ermittelten Wert aus der Normalgewichtstabelle ziehen wir zehn Prozent ab. Das ist das Idealgewicht. Um es zu halten, braucht man weder zu hungern noch den Essensplan nach Kalorientabellen aufzustellen.

Ein von Wissenschaftlern errechnetes Idealgewicht für Torhüter soll einen Anhaltspunkt geben. Dabei ist ein Alter von 18 Jahren zugrunde gelegt. Bei einer Körpergröße von 1,82 Metern dürfte er demnach 78,5 Kilogramm wiegen. Bei 1,80 Metern 76,9 Kilo und bei 1,78 Metern 76,4 Kilo.

Größe

Die ideale Körpergröße für einen Torwart liegt unserer Ansicht nach zwischen 1,80 und 1,90 Metern. Die Größe hat eine psychologische Bedeutung. Ein stattlicher Torwart flößt dem Gegner Respekt ein. Ein Zwerg dagegen wird nicht ernst genommen.

Zu klein sollte ein Torwart auch aus praktischen Gründen nicht sein. Bei hohen Bällen und Luftduellen ist er erheblich im Nachteil. Es sei denn, ein Mitspieler hebt ihn in die Höhe, oder er benutzt eine Leiter…

Zu groß darf ein Torwart auch nicht sein. Dann hat er Schwierigkeiten bei flachen Bällen und ist in seiner Beweglichkeit eingeschränkt. Vorteile hat ein großer Torwart bei hohen Bällen und durch die Reichweite seiner Arme. Ein kleiner Tormann hat wiederum Vorteile bei flachen Bällen, er ist beweglicher, flinker und stark auf der Linie.

Festzuhalten ist: Die ideale Größe eines Torwarts ist die, die die meisten Vorteile und die wenigsten Nachteile in sich vereint.

Gymnastik

Wichtigste Voraussetzung für ein erfolgreiches Training ist die Gymnastik. Ohne vorher gymnastische Übungen gemacht zu haben, sollte man kein Training beginnen.

Locker und richtig dosiert, damit man sich nicht übermäßig anstrengt, muß die Gymnastik sein. Dadurch lockert man die Muskulatur auf, regt die Durchblutung an und bereitet sich so optimal für das Training vor. Für die gymnastischen Übungen sollte man sich 20 bis 30 Minuten Zeit nehmen.

Um den Körper geschmeidig zu halten und um sich vor Verletzungen zu schützen, muß man regelmäßig – am besten täglich – Gymnastik machen. Mit diesem zusätzlichen Training des Körpers kann man die Leistung erheblich steigern.

Wir haben hier ein paar gymnastische Übungen zusammengestellt. Einige davon sollte man auch vor dem Spiel machen:

Mit der ersten Übung werden die Rückenpartien geschmeidig gemacht. Man setzt sich auf den Boden. Dann winkelt man das linke Bein an und schiebt es seitlich am Körper vorbei nach hinten. Mit dem Oberkörper beugt man sich nun so weit nach vorne, daß man mit den Fingerspitzen die Zehen berühren kann. Dann wechselt man das Bein und wiederholt die Übungen. Dabei das Tempo steigern.

Die zweite Übung kräftigt die Rücken- und Bauchmuskulatur. Man legt sich der Länge nach auf den Rücken, hält die Beine geschlossen und einen Ball mit gestreckten Armen schräg über den Kopf nach hinten. Dann den linken Fuß zum Ball bringen, danach den rechten Fuß. Die gleiche Übung sollte man auch in der Seitenlage ausführen. Darauf achten, daß die Knie ganz durchgedrückt sind.

Auch die dritte Übung wirkt auf Rücken- und Bauchmuskulatur. Dazu braucht man einen Partner und einen Medizinball. Man setzt sich auf den Boden und läßt sich den Ball zuwerfen. Der Oberkörper ist nach vorne gebeugt, die Arme vorgestreckt. Der Mitspieler wirft den Ball mit voller

Wucht. Man fängt den Ball auf und wirft sich dann mit dem Ball, mit ausgestreckten Armen, dem ganzen Körper und beiden Beinen nach hinten. Dann schnellt man den Körper nach vorne und schleudert den Ball mit viel Gewalt zurück.

Die vierte Übung macht die Hüfte beweglich, kräftigt die Oberschenkelmuskulatur und schult das Ballgefühl. Dazu braucht man wieder einen normalen Fußball. Man nimmt eine Grätschstellung ein. Dann bückt man sich zum am Boden liegenden Ball, nimmt ihn auf, greift mit der rechten Hand hinter das rechte Bein und gibt mit der linken Hand den Ball in die rechte. Dann vollzieht man mit dem Körper eine halbe Wende und führt die gleiche Übung am linken Bein fort. Diese »Acht« wiederholt man mindestens zehnmal.

Bei der fünften Übung, die die Wendigkeit verbessert und die Rückenmuskeln stärkt, braucht man wieder einen Assistenten. Die Partner stehen Rücken an Rücken und nehmen beide eine Grätschstellung ein. Auf Zuruf drehen sich beide nach rechts, und derjenige, der den Ball hat, übergibt ihn dem anderen. Danach folgt eine Drehung nach links. Diese Übung mindestens zehnmal ausführen und dabei ständig das Tempo steigern.

Mit der sechsten Übung tut man etwas für die Schnelligkeit. Man wirft den Ball etwa drei bis fünf Meter hoch in die Luft, schlägt dann einen Purzelbaum und versucht, den Ball noch im Sprung zu erreichen, ehe er den Boden berührt. Anfänger machen sich diese Übung leichter, wenn sie den Ball etwa zehn Meter hoch werfen.

Bei jeder gymnastischen Übung sollte man auf eines achten: Sie soll Spaß machen und nicht in Konditionsbolzerei ausarten.

Noch einen Hinweis möchten wir geben: Eine Stunde Radfahren am Morgen nach dem Spiel wirkt Wunder. Damit werden die in 90 Minuten strapazierten Muskeln wieder schön locker. Da die Jugendmannschaften meist am Sonntag spielen, schadet es also nicht, wenn der Jungtorwart am Montagmorgen mit dem Rad zur Schule oder zur Arbeitsstelle fährt.

Hindernisse

Wer die Nacht vor einem Spiel lieber in einer Disco verbringt, der braucht sich nicht zu wundern, wenn er versagt. Wer sich mit Alkohol und Nikotin den Körper vollpumpt, auch der braucht sich nicht zu wundern, wenn seine Leistung nicht stimmt. Diese Sünden rächen sich bitter.
Gänzlich zu verzichten braucht man weder auf das eine noch das andere. Aber man sollte in Maßen genießen, wenn man es im Fußball weit bringen will. Und man sollte genau wissen, wann man sich »Ausschweifungen« erlauben kann und wann nicht, und rechtzeitig entscheiden, was für einen wichtiger ist: der Sport oder das Vergnügen...
Das heutzutage fast unbegrenzte Freizeitangebot kann ein Hindernis auf dem Weg zum Erfolg sein. Genauso wie die Freundin, deretwegen man während des Trainings ständig auf die Uhr schaut.
Wenn man sich wirklich ein Ziel vorgenommen hat, dann bewältigt man diese Hindernisse. Auch wenn es manche Entbehrungen kostet. Sie sind beim Erfolg vergessen.

Kabine

In der Kabine braucht man Platz. Platz zum Umziehen, Platz für ärztliche Behandlung, Platz für die Massage. Deshalb sollte eine Kabine nicht zu klein sein. Sonst tritt man sich gegenseitig auf die Füße.

Kameradschaft

Elf Freunde müßt Ihr sein. Im Profifußball ist das schon längst nur mehr eine abgedroschene Phrase. Dabei ist Kameradschaft und Teamgeist beileibe nichts Schlechtes.

Wenn zwischen Torwart und Feldspielern gutes Verständnis und Kameradschaft herrscht, dann schlägt sich das auf seine Leistung nieder. Wenn man sich nicht riechen kann, ergibt sich nie eine eingespielte, harmonische Mannschaft.
Zur Kameradschaft gehört, daß ein Torwart seine Vorderleute nicht in Grund und Boden verdammt, wenn sie einmal einen Fehler begangen haben. Es gehört auch dazu, daß ein Torwart nicht das Vertrauen seiner Mitspieler mißbraucht.

Körperliche Verfassung

Nicht nur in der Bundesliga ist das Fußballspiel heutzutage schneller geworden. Auch in den unteren Amateurklassen werden weitaus höhere Anforderungen an die Spieler gestellt als noch vor einigen Jahren. Die athletische Härte, der verbissene Kampf, die technische Fertigkeit und die konditionelle Verfassung haben sehr stark zugenommen.
Bei diesem Leistungsdruck hat man nur dann eine Chance auf Erfolg, wenn man sich von Jugend an auf die gestiegenen Ansprüche vorbereitet. Eisernes Training und Selbstdisziplin bringen einen dahin, wenn man will.
Der Körper muß topfit sein. Das heißt, man muß als Torwart insbesondere für folgende Eigenschaften hart arbeiten: Hüftbeweglichkeit, Sprungkraft, Schnellkraft, Kondition.
Ein Hüne oder Modellathlet muß man nicht sein. Es reicht, wenn der Körper voll durchtrainiert ist.

Kondition

Ohne Kondition keine Konzentration. Ein Torwart sollte über mindestens genausoviel Kondition verfügen wie ein Feldspieler. Aus diesem Grund sollte man auch das Konditionstraining der Feldspieler mitmachen.

Konzentration

Keine Konzentration ohne Kondition. Nur wenn der Torwart sich in bester körperlicher Verfassung befindet, kann er

sich konzentrieren. Und volle Konzentration ist nötig, wenn er über 90 Minuten hinweg jede Situation im Griff haben und darauf prompt und richtig reagieren will.
Wenn der Keeper sich voll auf das Spielgeschehen konzentrieren kann, dann können ihn auch keine Einflüsse von außen aus der Fassung bringen. Und auch die innere Verfassung kann ihn dann nicht vom Spiel ablenken.
Nicht vergessen: Nur wer körperlich und auch geistig voll da ist, kann sich wirklich konzentrieren. Und wer dazu noch Nerven wie Drahtseile besitzt, den kann eigentlich nichts mehr aus der Ruhe bringen.

Krafttraining

Für reines Krafttraining haben wir nicht viel übrig. Torhüter sind keine Zehnkämpfer und schon gar keine Bodybuilder. Die Körperkraft, die etwa beim Abschlag, Abstoß oder beim Fausten gebraucht wird, holt man sich im normalen Training.
Zu empfehlen ist ein Training an der Kraftmaschine nur dann, wenn nach längeren Verletzungen die Muskeln neu aufgebaut werden müssen. Oder wenn bestimmte Muskelpartien deutlich geschwächt sind. Dort muß dann das Krafttraining gezielt ansetzen.
Es muß nicht unbedingt eine teure Kraftmaschine sein. Medizinbälle oder Hanteln leisten auch gute Dienste. Oder man geht einmal in ein Fitness-Studio, die in letzter Zeit ja wie Pilze aus dem Boden schießen. Aber wenn es sich ein Verein leisten kann, würden wir ihm die Anschaffung einer Kraftmaschine empfehlen.

Massage

Massage tut dem Körper gut. Dafür sollte man sich Zeit nehmen und sich mindestens einmal in der Woche richtig durchkneten lassen. Etwa zwei Stunden lang. Wenn man gut durchtrainiert ist, genügt eine Massage pro Woche.

Bei keinem Feldspieler sind alle Muskeln so angespannt wie beim Torwart. Insbesondere die Muskeln im Rücken, am Arm, in der Schulter und am Bauch sind bei ihm weitaus ausgeprägter.
Deshalb sollte man sich von Kopf bis Fuß massieren lassen. Nur so werden alle Muskeln locker und geschmeidig. Eine kürzere, aber intensive Massage unmittelbar vor dem Spiel ist sicher nicht verkehrt. Mit gymnastischen Übungen ist man hier jedoch besser bedient.

Mitspielen, mitdenken

Ein Torwart muß immer wach und aufmerksam sein. Im Spiel die ganzen 90 Minuten lang. Er muß mitspielen und mitdenken. Das bedeutet, daß sein Geist stets frisch sein muß.
Ein Torwart muß, will er gut und erfolgreich sein, Spielzüge vorausahnen können. Er muß die Absichten des Gegners »riechen« können, um rechtzeitig ein Gegenmittel zur Hand zu haben, muß in Gedanken immer etwas weiter sein als seine Vorderleute. Dann kann er in vielen Fällen seine Mannschaft vor äußerst brenzligen Situationen bewahren.

Mut

Ein Torwart ohne Mut ist undenkbar. Wer keinen Mut besitzt, der soll sich erst gar nicht ins Tor stellen. Denn er wird nie ein guter Schlußmann. Wer feige ist, ist wehleidig und unsicher.
Mut ist eine Charaktereigenschaft. Mut kann man nicht anerziehen oder antrainieren. Ein Torwart wird häufig vor Situationen gestellt, in denen Mut erforderlich ist. Sei es beim Herauslaufen, wenn er sich vor die Füße des Gegners werfen muß. Sei es, wenn er knallharte Schüsse aus allernächster Distanz abwehren muß.
Angsthasen haben im Tor nichts zu suchen.

Organisation

Eine wesentliche Aufgabe des Torwarts besteht in der Organisation der Abwehr. Er ist mit dafür verantwortlich, wie seine Vorderleute bei einem gegnerischen Angriff postiert sind. Als letzter Mann hat der Torwart die besten Voraussetzungen als Abwehrorganisator. Aus seiner Position besitzt er einen optimalen Überblick über das Spielfeld und das Spielgeschehen. Deshalb ist er in der Lage, schon rechtzeitig seine Mitspieler so zu dirigieren, daß sie dem gegnerischen Angriff begegnen können. Der Schlußmann sollte sich nicht scheuen, seinen Mitspielern mit lautstarken Kommandos Anweisungen zu geben. Wenn er sich durch Leistung Respekt verschafft hat, wird auch niemand gegen ihn aufmukken. Aufgrund der immer schneller werdenden Spielweise im modernen Fußball hat die organisatorische Aufgabe des Torwarts sehr an Bedeutung gewonnen.

Pfosten, Pfostenschuß

Wenn ein Ball gegen den Pfosten knallt, hat der Torwart Glück gehabt. Auf jeden Fall ist das besser, als wenn der Ball ins Tor geht. Wenn der Keeper sich dann noch mit einem liebevollen Fußtritt beim Pfosten bedankt, wird der ihm sicher noch oft zur Seite stehen.

Von Vorteil bei den modernen Leichtmetallpfosten ist, daß sie rund sind. Die Verletzungsgefahr ist wesentlich geringer als bei den alten, eckigen Holzpfosten. Die waren zum Anlehnen und Ausruhen ganz praktisch. Aber dafür hat man ja heute keine Zeit mehr.

Wichtig ist, daß man sich bei der Grundaufstellung im Tor immer etwas vor die Torlinie stellt. Dadurch vermeidet man, daß man bei Hechtsprüngen in die Torecke gegen den Pfosten prallt. Das kann sehr unangenehm sein.

Privatleben

Wir haben während unserer Profikarriere nicht viel vom Privatleben. Das hat sich ausschließlich nach unserem Beruf gerichtet. Die Familie kam dabei oft zu kurz.
Wenn man daran denkt, mit Fußball einmal Geld zu verdienen, dann halte man sich das vor Augen.
Für einen jungen Menschen, der einmal ein großer Torwart werden will, ist das Privatleben äußerst wichtig. Extravaganzen sollte er sich möglichst nicht erlauben. Wenn er ohne sie nicht auskommen will, wird er die Folgen an seiner Leistung sehr bald erkennen.
Das beste ist, man ist bei einer Freundin in festen Händen oder verheiratet. Da hat man ein geregeltes Leben. Hoffentlich. Man braucht eine Freundin – kann auch ein Freund sein – oder eine Frau, die Verständnis für den Sport hat. Auf die man sich verlassen kann. Eine glückliche Partnerschaft oder Familie ist die Basis für eine erfolgreiche Karriere.

Publikum

Publikum braucht ein Torwart genauso wie jeder andere Künstler. Stimmung muß sein. Sie überträgt sich aufs Spielfeld und die Spieler. Und Stimmung stimuliert. Je mehr Zuschauer, um so mehr Atmosphäre.
Wenn das Publikum, so wie in England, nahe am Spielfeld sitzt, ist das für jeden Spieler eine feine Sache. Im Münchner Olympiastadion dagegen, um nur ein Beispiel zu nennen, herrscht erst eine richtige Stimmung, wenn mindestens 40000 Zuschauer da sind. Bei 10000 Zuschauern fühlt man sich wie in einer Leichenhalle.
Von solchen Zahlen kann ein Amateur aber meistens nur träumen. Trotzdem: Auch wenn nur 50 Leute am Spielfeldrand stehen, ist das immer noch besser, als wenn man unter Ausschluß der Öffentlichkeit spielt. Und wenn diese 50 Leute bei einer Parade applaudieren, ist das ein genauso tolles Gefühl, als ob man von 50000 gefeiert wird.

Reaktion

Schon im ganz normalen Leben entscheidet das Reaktionsvermögen oft über Leben und Tod. Auf dem Fußballplatz darüber, ob ein Tor fällt oder nicht. Mit dem Reaktionsvermögen, der Reaktionsschnelligkeit, steht und fällt der Erfolg des Torwarts.

Die Kunst, im richtigen Augenblick das Richtige zu tun, wird einem in die Wiege gelegt. Sie ist angeboren. Die Reaktion ist eine instinktive Handlung.

Es ist eine Frage des Reaktionsvermögens, wie schnell ein Torwart handelt. Im Klartext: Die Frage ist, wieviel Zeit braucht das Gehirn, um eine gefährliche Situation zu registrieren und das auslösende Kommando an die Muskeln und Sprunggelenke weiterzugeben? Das wiederum ist eine Frage der geistigen Frische.

Das vorhandene Grundreaktionsvermögen ist durch intensives Training zu steigern. Aber nicht sehr viel. Dettmar Cramer, der Fußballprofessor, hat es einmal untersucht. Das Ergebnis: Im Gegensatz zur körperlichen Leistungsfähigkeit, die man bis zu 80 Prozent steigern kann, ist die Reaktionsschnelligkeit nur um acht Prozent zu verbessern. Dennoch. Man glaubt gar nicht, wieviel diese acht Prozent ausmachen.

Unbedingte Voraussetzung für ein gutes Reaktionsvermögen ist die richtige innere Einstellung zum Fußball, ein ausgeglichenes Gefühlsleben.

Zur Steigerung der Reaktionsschnelligkeit gibt es einige gute Übungen. Wir führen hier ein paar aus unserer Praxis auf:

Die erste Übung hat es wirklich in sich. Der Torwart steht mit dem Rücken zum Trainer und mit dem Gesicht zu einer Wand oder Mauer. Der Trainer – oder auch ein Freund – wirft den Ball, ruft »hopp« oder gibt einen anderen Laut von sich. Erst in diesem Moment darf der Torwart sich umdrehen. Jetzt muß er den geworfenen Ball fangen oder fausten.

Eine Variante dieser Übung: Der Torwart steht wieder mit dem Rücken zum Trainer und mit dem Gesicht zur Wand in etwa drei bis vier Metern Entfernung. Hinter dem Rücken des Torwarts wird der Ball hart an die Wand geworfen, ohne daß der Trainer ein Kommando gibt. In dem Augenblick, in dem der Ball von der Wand zurückspringt, muß der Torwart den Ball fangen.

Eine andere Übung: Vor dem Tor werden auf jeder Seite fünf Schützen postiert, und ein Spieler flankt von der Seite den Ball zu ihnen hinein. Der Torwart muß auf der Torlinie stehen bleiben und dort den Ball erwarten, der aus etwa acht Metern volley abgeschossen wird. Aus dieser kurzen Distanz kann der Tormann kaum mehr erkennen, ob der Ball hoch oder flach kommt. Da hilft ihm nur noch eine blitzschnelle Reaktion, die schon eher als Reflexbewegung zu bezeichnen ist.

Noch eine letzte Übung zur Reaktionsstärkung. Wenige Meter vor dem Tor stellt man dicht nebeneinander ein paar Fahnenstangen auf. Dann schießen die Mitspieler aus kurzer Distanz scharf aufs Tor. Dabei wird meistens der Ball von einer Stange abgefälscht. Als Torwart hält man den abgefälschten Ball auch in diesem Fall nur noch mit einem Reflex. Wenn man von 100 solcher Schüsse nur 30 abwehrt, hat sich das Training schon gelohnt.

Reflex

Der Reflex ist, wie das Reaktionsvermögen, Teil der Natur des Menschen. Er ist angeboren und kaum antrainierbar. Der Reflex ist, so definieren es die Mediziner, eine unwillkürliche Zusammenziehung der Muskeln, die durch äußere Reize unter Vermittlung eines Zentralorgans, meist des Gehirns oder des Rückenmarks, hervorgerufen wird. Das beste Beispiel für einen natürlichen Reflex ist die Schmerzreaktion.

Neben dem natürlichen Reflex gibt es auch noch den soge-

nannten bedingten Reflex. Dieser Reflex kann erworben werden, wie der sowjetische Wissenschaftler Pawlow herausgefunden hat. Beispiel eines typisch »bedingten« Reflexes ist der Speichelfluß beim Anblick von Nahrung. Wenn einem beim Anblick irgendeiner Köstlichkeit das Wasser im Munde zusammenläuft.
Auf den Torwart können solche »unnatürlichen« Reflexe übertragen werden, wenn er sich beispielsweise darin übt, typische Bewegungsabläufe beim Schießen eines Balles auf sein Tor zu studieren. Dann kann es auch bei ihm zu einer Art von automatischer Bewegung kommen, die eine bestimmte Reaktion auslöst und so den erfolgreichen Torschuß des Gegners verhindert.
Aber die ganze Sache hat einen Haken. Trifft der Schütze den Ball nicht richtig und gibt ihm so ungewollt eine andere Richtung, dann war der antrainierte Reflex umsonst.

Rückgabe

Die Rückgabe des Balles aufs Tor setzt blindes Verständnis zwischen Torwart und Feldspieler voraus. Das muß automatisch ablaufen. Mit dem Spieler, der den Ball zurückgeben will, sollte der Schlußmann Blickkontakt haben oder mit ihm reden. Sonst entstehen sehr schnell Mißverständnisse. Und der Ball landet statt in seinen Händen im Netz.
Die Rückgabe darf niemals direkt aufs Tor zukommen. Daher macht man am besten immer ein paar Schritte neben das Tor, damit der Ball seitlich vom Pfosten zurückgespielt werden kann.

Schiedsrichter

Mit dem Schiedsrichter sollte man sich am besten nicht anlegen. Der Schiedsrichter hat nämlich immer recht. Auch wenn er manchmal unrecht hat. Aber seine Entscheidungen sind Tatsachenentscheidungen, an denen man nicht rütteln kann.

Sich aufzuregen, wenn der Schiedsrichter eine Fehlentscheidung getroffen hat, bringt überhaupt nichts. Es schadet vielmehr. Man verliert sehr schnell die Linie, wenn man sich über den Unparteiischen ärgert.
Solange Menschen Entscheidungen treffen, wird es immer wieder Irrtümer geben. Man kann dem Schiedsrichter sein Amt erleichtern, wenn man seine Entscheidungen akzeptiert. Auch wenn es nicht immer leichtfällt.
Als Torwart empfindet man bisweilen sogar schon so etwas wie Mitgefühl für den Schiedsrichter. Irgendwie ähneln sich die beiden, weil sie oft alleine gegen alle kämpfen müssen.

Schnellkraft

Die Schnellkraft ist die Eigenschaft, eine Bewegung so schnell und explosiv wie möglich auszuführen. Das heißt, eine maximale Kraft in so kurzer Zeit wie möglich zu entwickeln.
Die Schnellkraft kann man auch so definieren: Der Körper muß wie eine gespannte Stahlfeder funktionieren. Bei allen Sprüngen, ob in die Luft nach hohen Bällen oder zur Seite, ist die Schnellkraft eine unerläßliche Voraussetzung. Sie steht in enger Verbindung mit der Sprungkraft. Und die braucht man als Torwart.
Zur Steigerung der Schnell- und Sprungkraft dienen gymnastische Übungen und gezieltes Krafttraining der Beinmuskulatur.

Schußwinkel

Für den Torwart gilt es, vor allem wenn er einem Gegner entgegenläuft, den Schußwinkel des Schützen zu verringern. Er muß den Winkel so klein wie möglich halten, so daß der Schütze nur noch ein »kleines« Tor als Ziel hat. Das Verkürzen des Schußwinkels gehört zum Stellungsspiel und setzt eine gehörige Portion an Erfahrung voraus.

Schwächen

Schwächen hat jeder Mensch. Aber man kann sie überwinden und sogar ausmerzen, wenn man sie erkennt. Das erfordert Selbstkritik.
Jeder kennt seine eigenen Schwächen. Nur fällt es oft schwer, sie zuzugeben. Und es fällt sicher auch schwer, gezielt etwas dagegen zu unternehmen. Dabei lassen sich Schwächen »mit System« überwinden. Vorausgesetzt, man hat Talent und Ehrgeiz.
Bestimmte Schwächen, vor allem im technischen Bereich, kann man durch hartes Training etwas mildern, jedoch nie ganz aus der Welt schaffen, wenn das Talent fehlt.
Schwächen können auch durch falsche oder schlechte Ausrüstung entstehen. Sie sind leicht abzustellen, wenn man sich die richtigen Sachen, zum Beispiel ein paar gescheite Handschuhe, besorgt.
Durch Anfangsschwächen sollte man sich nie entmutigen lassen. Schwächen können oft sogar positive Folgen haben. Denn wenn man mit Ehrgeiz und eisernem Willen darangeht, die Schwächen zu überwinden, können daraus Stärken werden.

Seelische Verfassung

Ein gesunder Geist in einem gesunden Körper. Das sagten schon die alten Römer. In der Tat: Der Erfolg braucht das eine genauso wie das andere. Der Erfolg eines Torwarts ist auch von seiner seelischen Verfassung abhängig.
Das fängt mit der Selbstbeherrschung an. Uns ist es, vor allem in jungen Jahren, schon oft passiert, daß wir die Beherrschung verloren haben. Ob es wegen eines allzu vehement attackierenden Stürmers war, der uns ungewollt einen Schlag in den Magen versetzte, oder ob es aus Wut gegen eine – unserer Meinung nach – falsche Schiedsrichterentscheidung war.
Dabei kann es einem selbst und vor allem der Mannschaft

nur schaden, wenn man die Beherrschung verliert. Im schlimmsten Fall stellt einen der Schiedsrichter nämlich vom Platz.
Durch Wutausbrüche oder Proteste macht man sich nur unnötig nervös. Die Konzentration leidet darunter. Die Folgen werden dann meistens in Form von Toren präsentiert. Daher sollte man immer ruhig Blut bewahren. Ein Mensch, der ein ausgeglichenes Seelenleben hat, hat damit keine Probleme.
Man sollte möglichst ohne seelische Belastungen ins Spiel gehen. Gewiß, manch einer vergißt während des Spiels vielleicht seinen Kummer. Aber im Unterbewußtsein nagen die Probleme doch an ihm. Deshalb kann man sich nie völlig konzentrieren, wenn man mit psychologischen Problemen ins Spiel geht.

Selbsttor

Um ein Selbst- oder Eigentor zu vermeiden, muß der Torwart in jeder Sekunde des Spiels höllisch auf seine Vorderleute aufpassen. Dem Torwart selbst kann natürlich auch mal ein Eigentor unterlaufen. Das ist dann äußerst peinlich.

Selbstvertrauen

Selbstvertrauen ist das Ergebnis von guter Vorbereitung, einer zum Sport passenden Lebensweise und von körperlicher Fitness. Das Selbstvertrauen des Torwarts hat einen großen Einfluß auf die ganze Mannschaft. Besitzt ein Torwart kein oder zu wenig Selbstvertrauen, dann macht er Fehler und seine Mitspieler nervös.
Irgendwann kommt man als Jugendspieler sicher auch einmal an den Punkt, an dem man sich fragt: ›Wie geht's mit mir weiter? Will ich weiterhin nur aus »Spaß an der Freud« Fußball spielen, oder will ich eines Tages mein Hobby zum Beruf machen?‹ Fragen, die man sich ehrlich beantworten sollte.

Diese Gewissenserforschung kann das Selbstvertrauen sehr strapazieren. Aber man muß prüfen, ob man innerlich und äußerlich für einen harten Weg gerüstet ist. Ob man genug Selbstdisziplin besitzt, um Unlust oder Schlamperei erfolgreich zu begegnen. Und sich darüber klarwerden, ob man über genügend Ausdauer und Fleiß verfügt, um Höchstleistungen erbringen zu können.

Wenn man sich diese Dinge ohne Einschränkungen zutraut, dann ist das Selbstvertrauen intakt. Durch Anerkennung von seiten des Trainers oder der Mitspieler und durch den eigenen Willen zur Leistung kann dieses Selbstvertrauen gestärkt werden.

Sex

Sex unmittelbar oder einen Tag vor dem Spiel muß nicht sein. Dazu hat man sonst genug Zeit. So gierig ist wohl keiner, daß er das noch vor dem Spiel nötig hat. Obwohl Sex für einen Sportler nicht schädlich ist. Man muß nur das richtige Maß finden. Jeder muß selber wissen, wie oft es ihm guttut. Da wollen wir niemandem Vorschriften machen.

Stellungsspiel

Die Klasse eines Torwarts erkennt man besonders an seinem Stellungsspiel. Gutes Stellungsspiel erspart überflüssige, riskante Aktionen; es macht Hechtsprünge und Flugparaden überflüssig, die immer mit einem Risiko und Verletzungsgefahr verbunden sind. Und es verhindert, daß man unnötig Kopf und Kragen riskiert und die Gesundheit aufs Spiel setzt.

Gutes Stellungsspiel ist eine Folge langjähriger Erfahrung und Spielpraxis. Mit 20 Jahren kann man niemals ein so perfektes Stellungsspiel haben wie mit 30 Jahren.

Da Verhaltensweisen beim Stellungsspiel so vielfältig sind wie die einzelnen Spielsituationen, möchten wir uns auf Grundsätzliches beschränken.

Zunächst zur Normalstellung des Torwarts. Dabei nimmt er eine leichte Grätschstellung ein. Die Knie sind leicht angewinkelt, die Arme seitlich abgespreizt und die gesamte Körperhaltung etwas gebückt. In dieser Lauerstellung läßt er den Ball nie aus den Augen.

Aus dieser Grundstellung ist es jederzeit möglich, gegnerische Torschüsse abzuwehren. Diese wachsame Haltung ist vergleichbar mit der Gespanntheit eines Panthers, bevor er sich auf die Beute stürzt. Man kann blitzschnell reagieren, um nach dem Ball zu gehen.

Wenn die eigene Mannschaft im Angriff ist, verläßt man das Tor. Man kann bis zur Strafraumgrenze oder noch ein paar Meter weitergehen. Aus dieser Position heraus hat man einen besseren Überblick über das Spielgeschehen. Ein plötzlicher Steilpaß des Gegners kann einen nicht überraschen. Von dieser weit vorgeschobenen Position ist man schneller am Ball als der gegnerische Angreifer.

Rückt der Gegner wieder näher in Richtung des eigenen Tors, geht man ein paar Schritte zurück – allerdings nie ganz bis zur Torlinie zurückweichen! Das hat seinen guten Grund: Bei Schüssen aus beispielsweise 16 Metern Entfernung ist der Winkel zu den entferntesten Torecken viel größer, als wenn man drei oder vier Meter vor dem Tor steht. Dadurch verkleinert man also den Schußwinkel. Für den Schützen wird dadurch das Tor »kleiner«.

Sicherlich kann man von der Torlinie aus abgefälschte Bälle besser abwehren. Aber diese Situationen kommen seltener vor als Weitschüsse. Wenn man ein paar Schritte vor dem Tor steht, muß man allerdings auf die sogenannten Bogenlampen aufpassen. Wenn ein cleverer Stürmer erkennt, daß der Schlußmann zu weit vor dem Tor steht, hebt er den Ball über ihn hinweg ins Tor.

Sobald die Gefahr gebannt ist, entspannt man sich mit ein paar Lockerungsübungen. Dabei aber nie das Spiel aus den Augen verlieren! Als Torwart muß man 90 Minuten voller

Konzentration Spiel und Ball verfolgen. Selbst wenn er einmal auf der Tribüne landet.
Durch das Stellungsspiel kann man grundsätzlich die Einschußmöglichkeiten des Gegners erheblich reduzieren.
Das Stellungsspiel ist von mehreren Faktoren abhängig: von den athletischen Eigenschaften des Torwarts, seiner Einbeziehung ins Spielsystem, von seinen taktischen Qualitäten und von der Position der Mitspieler sowie von der Position des ballführenden Spielers und dessen technischen Qualitäten. Und nicht zuletzt auch von äußeren Umständen wie Wetter und Platzverhältnisse.

Stil

Wie der Torwart seinen Kasten sauberhält, ist eigentlich zweitrangig. Hauptsache ist, er hält ihn sauber.
In vielen Büchern wird zwischen drei Stilarten unterschieden. Da ist zunächst der klassische Stil. Er ist gekennzeichnet von Eleganz, Schönheit und Harmonie der Bewegungen. Viele Torhüter der Vergangenheit haben diesen Stil geprägt.
Heutzutage ist er von der Bildfläche fast verschwunden. Bei dem modernen, temporeichen Spiel von heute kommt ein Torwart mit ästhetischen Bewegungen wohl nicht allzuweit.
Dann ist oft vom Showstil die Rede. Seine Merkmale sind vor allem überflüssige Paraden. Die Sachlichkeit verschwindet dabei. Die Show gehört zum heutigen Torwartspiel sicherlich dazu, aber man sollte sie nicht übertreiben. Ein Torwart, der zur Freude der Zuschauer nur durch die Lüfte segelt, wird nie ein guter Torwart. Vor allem, weil ihm dabei sehr schnell die Puste ausgeht.
Als dritter sei der sogenannte saubere Stil genannt. Seine Merkmale sind Sachlichkeit und Ruhe sowie gutes Stellungsspiel. Mit dieser Art des Torwartspiels kommt man wohl am ehesten zum Erfolg. Weil man keinen Raubbau an seinen

Kräften betreibt, kann man mit einem »sauberen« Stil auch noch jenseits der 30-Jahre-Grenze erfolgreich sein.
Wie gesagt: Der Erfolg heiligt die Mittel. Wir plädieren für den sauberen, sachlich nüchternen Stil. Gewürzt mit ein wenig Show und Phantasie.
Grundsätzlich gilt, daß der Torwart seinen Stil den persönlichen Eigenschaften anpassen sollte. Seinen körperlichen Stärken, seinem Temperament, seinem athletischen Vermögen und nicht zuletzt auch seinen Schwächen.

Strafraumbeherrschung

Der Strafraum gehört dem Torwart. Deshalb sollte er ihn auch beherrschen. Er muß beweisen, daß der Strafraum sein Revier ist. Auch seinen eigenen Mitspielern, die sich auf den Torwart verlassen können müssen.
Strafraumbeherrschung hat man, oder man hat sie nicht. Sie ist kaum zu erlernen. Den Blick dafür zu haben: Wann kann ich die Torlinie verlassen? Wann muß ich im Tor bleiben? Entsprechende Situationen kann man im Training üben. Doch zu einer guten Strafraumbeherrschung gehören sehr viel Erfahrung, etwas Mut und ein wenig Frechheit.
Wer der Herr im Strafraum ist, sollte der Torwart seinen Vorderleuten immer wieder aufs neue klarmachen. Durch lautstarkes Zurufen, durch Anweisungen und Dirigieren.
Nicht zuletzt drückt sich die Klasse eines Torwarts durch eine gute Strafraumbeherrschung aus. Voraussetzung dafür ist, daß er die Situation vorhersieht, sie blitzartig erkennt und dann schneller reagiert als der gegnerische Stürmer.
Wir haben schon einige kennengelernt, die Strafraumbeherrschung mit »Schlafraumbeherrschung« verwechseln. Diese Leute sollten wohl besser nicht ins Tor gehen.

Taktik

Mit der Taktik hat der Torwart eigentlich nicht viel am Hut. Das ist Sache des Trainers.

Der Torwart ist auf sich allein gestellt. Er wird nicht in ein taktisches Schema gepreßt. Und ein Torwart kann im Gegensatz zum Feldspieler, zum Beispiel dem Mittelfeldregisseur, die Taktik während des Spiels nicht ändern.
Er kann allerdings sehr viel dazu beitragen, daß die Taktik des Trainers stimmt und zum Tragen kommt. Denn wenn man einen »Fliegenfänger« im Tor hat, schmeißt er die ganze Taktik über den Haufen.
Für seine *eigene*, ganz spezifische Aufgabe braucht der Torwart aber taktische Qualitäten. Ohne diese funktioniert sein Stellungsspiel kaum. Deshalb sollte ein Torwart die taktischen Lektionen des Trainers ebenso aufmerksam verfolgen wie ein Feldspieler. Darüber hinaus sollte er auch des öfteren selbst einmal im Feld spielen. So erlernt er das Angriffsspiel, kann sich in die Lage der Angreifer versetzen und sammelt Erkenntnisse über die Verhaltensweise seiner direkten Gegner, die von großem Wert für sein eigenes Agieren im Tor sind.

Technik

Daß der Torwart gelegentlich im Feld mitspielt, während des Trainings versteht sich, ist auch für seine technischen Fertigkeiten von Nutzen. Die technischen Grundkenntnisse eignet er sich so am besten an. Und die braucht er, etwa beim Abstoß oder beim Abschlag.
Die speziellen technischen Fertigkeiten muß er sich dagegen mit fleißigem und vor allem speziellem Training aneignen. Die Fangtechnik ist wohl das Wichtigste für den Torwart. Daher sollte er intensiv den Umgang mit dem Ball üben, damit er ein Gefühl für das runde Leder bekommt.
Ballfangen im Stand, Ballfangen in der Luft, Fausten, den Ball über die Querlatte oder um den Pfosten lenken oder den Ball aus der Seitwärtsstellung halten sind Übungen, die man immer und immer wieder ausführen muß. Die Sprungtechnik komplettiert das Trainingsprogramm.

Früher, auf den Bolzplätzen, am Strand oder auf einer Wiese, hieß es immer: »Du hast keine Technik, ab mit dir ins Tor!« Heutzutage schaut das ganz anders aus. Ein Torwart ohne Technik ist unvorstellbar.

Tiefschläge

Im Boxsport sind Tiefschläge verboten. Aber in einem Torwartleben existiert keine Regel, die einen vor Tiefschlägen, vor Enttäuschungen schützt. Irgendwann werden sie einen treffen. Doch das darf nicht dazu führen, gleich die Flinte ins Korn zu werfen. Resignation ist völlig verkehrt.
Ein »Dämpfer« kann etwas sehr Positives sein. Wenn er als Ansporn und als Herausforderung zu neuen Taten verstanden wird. Auf jedes Tief folgt ein Hoch. Nur, man muß es selbst herbeiholen. Durch noch mehr Arbeit und Fleiß, vor allem beim Training.
Wie schnell einer ein Tief überwindet, liegt auch an seiner Mentalität. Den einen läßt so etwas kalt, der andere zermartert sich wochenlang mit den Problemen sein Gehirn. Wir raten in beiden Fällen: Mach mal Pause. Erhol Dich von der Enttäuschung, gewinn Abstand davon. Um so größer ist dann der Elan, wenn man nach ein paar Tagen wieder am Ball ist.

Tor

Wie groß das Rechteck ist, in dem er steht, sollte ein Torwart schon wissen. Zur Erinnerung: Die Breite des Fußballtors beträgt von Innenpfosten zu Innenpfosten 7,32 Meter. Die Höhe vom Boden bis zur Innenseite der Querlatte 2,44 Meter.
An das Tor, das man durch den Schuß eines Gegners hinnehmen muß, brauchen wir wohl niemanden zu erinnern. Etwas Unangenehmes vergißt man nicht so schnell.

Torraum

Auch hier müssen wir – zur Erinnerung – noch einmal mit Zahlen kommen. Ausnahmsweise greifen wir zum Regelbuch. Der Torraum, so steht es da, ist der durch Linien begrenzte Raum vor dem Tor.

An jeder Torlinie sind im Abstand von 5,50 Metern von jedem Torpfosten zwei Linien rechtwinklig zur Torlinie gezogen. Diese Linien müssen sich 5,50 Meter in das Spielfeld hinein erstrecken und durch eine zur Torlinie parallel verlaufende Linie verbunden sein.

Genug Theorie. Noch ein praktischer Hinweis. Schon im Training, aber vor allem beim Spiel, sollte man darauf achten, daß die Torraumlinien deutlich sichtbar und exakt markiert sind. Das ist für die Orientierung wichtig.

Außerdem ist es dann unnötig – wie es viele noch machen –, von der Mitte des Tors bis zur Torraumlinie eine Spur in den Boden zu ziehen.

Torwart

Die wichtigste Aufgabe des Torwarts ist es, Tore zu verhindern. Der Torwart trägt zwar die Nummer 1 auf dem Rücken, ist aber der letzte Mann in einer Fußballelf. Die letzte Station für den Gegner auf dem Weg zum Torerfolg.

Im modernen Fußball ist der Torwart oft auch der letzte Verteidiger. Er hat die Aufgaben eines Feldspielers zu erfüllen. Darüber hinaus muß der Torwart organisatorische und aufbauende Aufgaben übernehmen.

Der Torwart im modernen Fußball wird viel mehr gefordert als in der Vergangenheit. Unsere Vorgänger hatten es da mit zwei- oder vielleicht dreimal Training in der Woche leichter. Heute ist das nicht mehr drin.

War der Fußball früher – auch bis in die höchsten Klassen – ein Hobby, so ist er heute ein Geschäft. Die erfolgreichen und bekannten Vereine sind – vom Umsatz her – wirtschaftliche Großunternehmen.

Und noch etwas. Früher standen die Fußballer nicht so im Blickpunkt der Öffentlichkeit. Sie tauchten nicht gleich in der Zeitung auf, wenn sie mal Mist gebaut hatten. Und Fernsehen hat es damals sowieso noch nicht gegeben.
Aber wir sind davon überzeugt: Bei entsprechendem Training wären Leute wie Ricardo Zamora oder Hans Jakob – um nur zwei zu nennen – genauso Weltklassetorhüter, wie sie es damals waren. Weil sie Talent besaßen.

Trainer

Der Trainer sollte ein ebenso großer Fußballnarr sein wie seine Schützlinge. Dann stellt sich auch der gemeinsame Erfolg ein. Natürlich kann ein Trainer nur das aus der Mannschaft herausholen, was in ihr drinsteckt. Selbst der beste Trainer scheitert, wenn er es nur mit lauter Nieten zu tun hat.
Als junger Mensch ist man oft der Ansicht, alles besser zu wissen als der Trainer. Aber da täuscht man sich. Meistens verfügt der Trainer über Erfahrungen, die man in jungen Jahren noch gar nicht haben kann. Deshalb nicht gleich beleidigt sein, wenn der Trainer kritisiert und Fehler offen darlegt. Nur so kann man etwas lernen.
Ein guter Trainer braucht Durchsetzungsvermögen. Er muß in der Lage sein, auch die Spieler mitzuschleppen und zu motivieren, die nicht besonders talentiert und belastbar sind. Er muß auch dem einen oder anderen »Feuer unter dem Hintern« machen können, wenn die Lust und der Ehrgeiz nachlassen. Schlendrian und Schluderei sind bei einem erfolgsorientierten Training fehl am Platze.
Ein guter Trainer wechselt mit seinem wichtigsten Spieler, dem Torwart, auch einmal ein paar mehr Worte als gewöhnlich. Gerade das Verhältnis zwischen Trainer und Torwart sollte recht eng sein.
Leider ist das Ausbildungsprogramm für Fußballtrainer im allgemeinen zu sehr auf das Mannschaftstraining ausgerich-

tet. Das spezielle Torwarttraining kommt dabei häufig zu kurz.
Es gibt – selbst im Berufsfußball – viel zu wenig Spezialtrainer für den Torwart. Zum einen sind nicht genügend dafür ausgebildet. Und zum anderen: Welcher Klub kann sich schon einen eigenen Torwarttrainer leisten? Dessen Aufgaben übernimmt dann meistens der Assistenztrainer. Er macht zunächst einmal für alle die Aufwärmübungen und das Konditionstraining, während der Chef zuschaut und seine Anweisungen gibt. Wenn der Assistent dann Zeit hat, macht er im Hoppla-Hopp-Verfahren mal eben 10 bis 15 Minuten Torwarttraining. Aber das ist Blödsinn. Wenn schon ein Torwarttraining, dann muß es auch richtig konzipiert und umgesetzt werden.

Training

Der Torwart braucht ein Spezialtraining, das auf seine Bedürfnisse zugeschnitten ist. Und der Trainer sollte sich mit dem Torwart schon Mühe geben.
Mit kurzen und intensiven Übungen sollte das Torwarttraining so dosiert sein, daß es am Ende noch genausoviel Spaß macht wie am Anfang. Wenn man nach 15 oder 30 Minuten schon total kaputt ist, hat man falsch trainiert. Die Freude am Training muß auch noch nach eineinhalb Stunden dasein. Deshalb sollte man sich zusammen mit dem Trainer immer mal neue Übungen einfallen lassen. Denn man kann nicht über Jahre hinweg dasselbe Programm durchziehen. Das ist langweilig und stumpft ab. Ein paar aufmunternde Worte, ein Witz oder ein paar Späßchen zwischendurch lockern auch das härteste Training auf. Und wenn man am Trainingsende das Gefühl hat, man könnte noch etwas zulegen, dann ist es o.k.
Als Torwart hat man auch die Möglichkeit, einmal allein zu trainieren. Von wenigen Ausnahmen abgesehen (Kondition, Krafttraining, Gymnastik) bringt das allerdings nicht viel.

Denn allein kann man sich nicht so quälen wie in der Gruppe oder unter Aufsicht des Trainers.
Wenn es die Umstände erlauben, sollte man möglichst immer im Freien trainieren. Egal, ob's regnet oder schneit. Das macht hart. Nur bei sehr schlechten Platzverhältnissen, wenn etwa der Boden gefroren ist, geht's in die Halle. Eine Schaumgummimatte als Unterlage bei Sprungübungen leistet hier gute Dienste.

Trainingslager
In den oberen Spielklassen ist ein Trainingslager sehr wichtig. Es wirkt sich nachteilig aus, wenn man vor einem schweren Spiel bis mittags daheim bleibt. Das schadet der Konzentration.
Die Dauer des Trainingslagers hängt davon ab, wie wichtig das Spiel ist und wo der Spielort liegt. Reist man in ein Land mit einem anderen Klima, braucht man ein paar Tage mehr, um sich akklimatisieren zu können.
Ansonsten sollte ein Trainingslager so kurz wie möglich gehalten werden. Schließlich ist man das ganze Jahr über beisammen. Denn wenn man sich zehn oder sogar 14 Tage auf der Pelle hängt, ist das für die Moral der Mannschaft oft nicht günstig. Da kann der berühmte Lagerkoller auftreten. Dem kann man dann kaum entgehen. Es besteht zwar die Möglichkeit abzuhauen, aber das gibt danach nur Ärger.
Zur Vorbereitung auf die Saison ist ein Trainingslager von etwa zehn Tagen ratsam. Da kann man den Schlendrian pflegen und sich in aller Ruhe und Gemütlichkeit auf die bevorstehenden Aufgaben vorbereiten.

Tricks
Wir hoffen, daß wir auf diesen Seiten einige gute Tricks verraten haben. Aber der einzig echte Trick ist, daß man hart arbeiten muß.
Die Stürmer sind mittlerweile so clever, daß sie kaum noch

auf unsere Tricks hereinfallen. Im Gegenteil. Ein Torwart muß schon ganz gehörig auf der Hut sein, daß er von den Stürmern nicht hereingelegt wird.

Verletzungen

Knallharte Schüsse bedeuten nicht die einzige Gefahr für einen Torwart. Wuchtige Attacken des Gegners sind für ihn ebenso gefährlich, weil er sich dabei Verletzungen zuziehen kann.

Ein Torwart ist immer in Gefahr, denn man weiß nie, wie verrückt die Stürmer sind. Riskante Aktionen sollte er deshalb möglichst durch gutes Stellungsspiel und ein schnelles Auge vermeiden. Darüber hinaus ist ein durchtrainierter Körper die beste Vorbeugung gegen Verletzungen.

Ein Torwart darf nicht zimperlich sein. Manchmal passiert es halt doch, daß er sich ernsthaft weh tut. Dann ist er meistens schlechter dran als ein Feldspieler. Beim Torwart sind alle Körperpartien wichtig. Bricht er sich etwa den Finger oder den Arm, ist für ihn das Spiel zu Ende. Ein Feldspieler kann dagegen noch mit einer gebrochenen Hand oder einer kaputten Nase weiterspielen. Ihm reicht's, wenn die Beine gesund sind.

Schwierig ist es für einen Torwart, nach einer Verletzung wieder den Anschluß zu finden. Die Nachbehandlung spielt daher eine wichtige Rolle. Sie soll dafür sorgen, daß er möglichst schnell wieder fit ist. Denn wenn man zwei oder gar drei Monate außer Gefecht ist, wird man nur sehr schwer die Rückkehr in die Mannschaft schaffen.

Im Training ist man übrigens weitaus verletzungsanfälliger als im Spiel, weil man dort oft nicht so konzentriert ist. Die geringste Unaufmerksamkeit reicht schon aus, um den Knöchel zu verstauchen oder den Finger zu brechen.

Ein guter Rat zum Schluß. Will man einmal ein guter Torwart werden, sollte man sich niemals durch Verletzungen entmutigen lassen.

Vier-Sekunden-Regel

Unserer Meinung nach ist diese Regel ein Blödsinn. Kein Torwart hält sich daran. Jeder hält den Ball doch länger als vier Sekunden. Und die wenigsten Schiedsrichter stehen mit Stoppuhr in der Hand neben einem. Im übrigen macht diese Regel das Spiel auch nicht schneller.

Wenn der Torwart den Ball hält, wird er meistens von einem Gegner belästigt, so daß er den Ball kaum in vier Sekunden wieder ins Spiel bringen kann. Diese Störversuche der Feldspieler müßten verboten sein. Sie bringen den Torwart in völlig unnötige Schwierigkeiten.

Vorbilder

Es gab einmal einen, der wollte kein Vorbild sein. Aber er war es. Für einen jungen Spieler ist es gewiß nicht verkehrt, wenn er ein Vorbild hat, an dessen Leistungen er sich orientieren kann.

Vorbilder spornen an, von ihnen kann man lernen. Unbewußt oder bewußt postiert man sein Idol auf der obersten Stufe der Erfolgsleiter. Eines Tages will man so erfolgreich und so berühmt wie das Vorbild sein.

Auch wir hatten Vorbilder, die uns magisch angezogen haben. Wir haben sie daheim am Fernsehschirm studiert, haben ihre Kunststücke erst im Geiste nachvollzogen und dann im Training praktisch ausprobiert.

Nicht irritieren lassen, wenn einen die Kameraden beim Kopieren der einen oder anderen Bewegung oder Geste des Vorbilds auslachen! Wer zuletzt lacht, lacht am besten. Vielleicht gelingt es, selbst einmal zum Vorbild zu werden.

Willenskraft

Talent allein genügt nicht. Unentbehrlich auf dem Weg zum Erfolg ist die Willenskraft. Der Wille zur Leistung beflügelt im Training wie im Leben. Er setzt körperliche und seelische Kräfte frei.

Man muß geistig vorerleben, was man erreichen will. Das sagen die Psychologen, und sie haben manchmal gar nicht so unrecht. Wir haben uns schon als junge Menschen fest in den Kopf gesetzt und sehnlichst gewünscht, einmal so zu werden, wie wir heute sind. Die Willenskraft hat uns geholfen, unser Ziel zu erreichen.

Zeitschinden

Das Zeitschinden kann man einfach nicht unterbinden. Es können noch so viele Regeln formuliert werden, es gibt immer wieder Möglichkeiten, wichtige Sekunden herauszuholen. Ein Torwart muß nur clever und professionell sein, dann kann er seiner Mannschaft helfen, wenn sie beispielsweise einen knappen Vorsprung zu verteidigen hat und mächtig unter Druck steht.
Geht der Ball ins Toraus, dann läßt man sich Zeit beim Ballholen. Auch den Abstoß kann man um einige Sekunden verzögern. Oder man dribbelt so lange im Strafraum mit dem Ball am Fuß, bis ein Gegner in die Nähe kommt. Solange der Ball im Spiel ist, gibt es einige Möglichkeiten, Zeit zu schinden.
Ein weiter Abschlag ins Seitenaus dagegen schadet nur der eigenen Mannschaft, da der Gegner in Ballbesitz kommt. Zum Zeitschinden muß man den Ball schon ins Publikum schießen. Und darauf hoffen, daß dort jemand sitzt, der ihn nicht mehr herausrückt. Das bringt ein paar Sekunden.

Ziele

Viele haben bestimmt schon einmal davon geträumt, der beste Torwart in der eigenen Liga, wenn nicht sogar der beste Torwart der Welt zu sein. Warum sollte der Traum nicht eines Tages Wirklichkeit werden?
Aber bis es soweit ist, muß man viele Schwierigkeiten meistern und manche Hürde nehmen. Wenn man ein klares Ziel vor Augen hat, schafft man es. Wenn man rechtzeitig

das eigene Talent erkennt und sich ein Ziel gesetzt hat, wird man im Fußball viel erreichen können. Vielleicht sogar alles.
Dabei sollte man natürlich überlegen, wie diese Ziele zuverlässig zu erreichen sind. Eines ist klar: immer den direkten Weg gehen. Auch wenn oder gerade weil er der schwierigste ist.
Gewiß gibt es Schöneres, als schweißgebadet hinter einer runden Lederkugel herzurennen: ins Kino gehen oder sich mit einer »flotten Biene« die Zeit in einer Disco um die Ohren zu schlagen. Aber wenn man sich auf ein Ziel eingeschworen hat, dann muß man andere Dinge zurückstellen. Das hohe Ziel lohnt unserer Erfahrung nach alle Entbehrungen und Anstrengungen.
Das Tor für den Weg zur Spitze steht jedenfalls offen. Mit harter Arbeit, Disziplin und etwas Glück ist es zu schaffen. Und mit viel Geduld. Denn Erfolg braucht Zeit.

Bildnachweis

Pressefoto Dieter Baumann, Ludwigsburg
11, 25, 36, 39, 53
Fritz Hack, Bonn-Bad Godesberg
3, 10
Karl-Heinz Huba (Hrsg.), Helden, Gaukler, Supermänner, Copress-Verlag, München 1979
2, 26
Pressefoto Fred Joch, Poing
42, 43, 44, 45, 46, 47, 48, 49, 50
Pressefoto Maria Mühlberger, München
40, 52
Pressefoto Horst Müller, Düsseldorf
4, 6, 9, 16, 17, 19, 32, 37, 38, 41
Nordbild, Hans-Dietrich Kaiser, Hamburg
14, 24, 30, 35
Archiv Offizin Hopf & Partner
15
Pressebildagentur Schirner, Düsseldorf
1, 5, 7, 8, 13, 18, 20, 21, 23, 27, 28, 29, 31
Sven Simon Fotoagentur, Essen
33, 34
Votavafoto, Wien
12, 22
Werek Pressebildagentur, München
51

Sepp Maier

»Ich bin doch kein Tor«

288 Seiten, 32seitiger Tafelteil, gebunden

»Das Buch Maiers hält durchweg, was es verspricht. In seiner kernigen Sprache gibt er den Blick hinter die Kulissen frei. Es lohnt sich, das Buch zu lesen.«

Der Tagesspiegel, Berlin.

»So genau, so offen, so unverkrampft wie der Maier Sepp hat noch selten ein Fußballer über sich und sein Gewerbe Rechenschaft abgelegt.«

Süddeutsche Zeitung, München.

»Da Sepp das Wort auf der Zunge trägt, sagt er auch schon mal etwas, was man in sonstigen Biographien großer Stars nicht liest. Und der Sepp hat gewiß einiges zu sagen.«

Kicker, Nürnberg.

Hoffmann und Campe